16	3	2	13
5	10	11	8
9	6	7	12
4	15	14	1

José Ramos Tinhorão

DOMINGOS CALDAS BARBOSA

O poeta da viola, da modinha e do lundu
(1740-1800)

editora■34

EDITORA 34

Editora 34 Ltda.
Rua Hungria, 592 Jardim Europa CEP 01455-000
São Paulo - SP Brasil Tel/Fax (11) 3816-6777 www.editora34.com.br

Copyright © Editora 34 Ltda., 2004
Domingos Caldas Barbosa © José Ramos Tinhorão, 2004

A FOTOCÓPIA DE QUALQUER FOLHA DESTE LIVRO É ILEGAL, E CONFIGURA UMA
APROPRIAÇÃO INDEVIDA DOS DIREITOS INTELECTUAIS E PATRIMONIAIS DO AUTOR.

Imagens da capa:
*Retrato de Domingos Caldas Barbosa (detalhe), soneto dedicado
ao rei d. José I (c. 1775) e primeira edição da* Viola de Lereno *(1798)*

Imagem da 4ª capa:
Johann Moritz Rugendas, Dança do lundu, *1822-25 (detalhe)*

Capa, projeto gráfico e editoração eletrônica:
Bracher & Malta Produção Gráfica

Revisão:
Ana Maria Barbosa

1ª Edição - 2004

Catalogação na Fonte do Departamento Nacional do Livro
(Fundação Biblioteca Nacional, RJ, Brasil)

Tinhorão, José Ramos, 1928-
T588d   Domingos Caldas Barbosa: o poeta da viola,
da modinha e do lundu (1740-1800) / José Ramos
Tinhorão. — São Paulo: Ed. 34, 2004.
240 p.

ISBN 85-7326-297-4

1. Caldas Barbosa, Domingos, 1740-1800.
2. Poesia em língua portuguesa. 3. Música popular -
Brasil e Portugal - Séc. XVIII. I. Título.

CDD - 869.1

DOMINGOS CALDAS BARBOSA
O poeta da viola, da modinha e do lundu
(1740-1800)

O POETA

1. Caldas Barbosa: um ausente da
   história vivo na memória 11
2. O Rio da infância do futuro poeta 17
3. Do Colégio dos Jesuítas à "bela vida militar" 27
4. Órfão em Coimbra, faminto em Lisboa 41
5. O protegido de nobres diverte "excelsas casas" 53
6. O "doce canto" do pastor Lereno 67
7. Verso cantado anuncia a poesia dos cafés 79
8. O "realismo plebeu" do cordel e das modinhas...... 89
9. Antecipações poéticas de um trovador popular 107
10. Caldas Barbosa autor de teatro 125
11. Caldas Barbosa personagem de teatro 135
12. O que ficou dos improvisos 149

A OBRA

13. Dois sonetos inéditos e uma carta em versos 167
14. Cantigas de Caldas Barbosa
    em coletâneas apógrafas 181
15. Caldas Barbosa no *Almanaque das Musas* 201
16. Obras atribuídas a Caldas Barbosa 213
17. Bibliografia geral de Caldas Barbosa 219

Fontes e bibliografia 227

DOMINGOS CALDAS BARBOSA

O poeta da viola, da modinha e do lundu
(1740-1800)

O POETA

Domingos Caldas Barbosa, litografia que ilustra a primeira edição da *Viola de Lereno*, de 1798, pela Oficina Nunesiana, de Lisboa.

1.
CALDAS BARBOSA:
UM AUSENTE DA HISTÓRIA
VIVO NA MEMÓRIA

A única imagem conhecida de Domingos Caldas Barbosa, o improvisador de versos, compositor e intérprete de cantigas, modinhas e lundus acompanhados à viola, mostra a figura setecentista de um pardo de olhos grandes, peruca à Luís XV, colarinho de clérigo, punhos de renda, a segurar uma pena indicadora de sua condição de intelectual e poeta.

O retrato aparece como ilustração em parte dos exemplares da primeira edição de sua coletânea de versos *Viola de Lereno*, de 1798, e, se esse meio-corpo mostra pouco do brasileiro transformado em Lisboa em trovador de salões no reinado de d. Maria I, é tudo o que se tem em traço, para imaginá-lo de corpo inteiro.

Pois se isso acontece em relação à iconografia pessoal do poeta carioca Domingos Caldas Barbosa, filho de português com africana, não é muito mais o que resta também no campo da informação escrita, para traçar-lhe a trajetória humana e intelectual.

O pouco que se pode saber de sua vida, porém, é o suficiente para traçar dele um perfil lisonjeiro: grato até à morte a seus benfeitores nobres da família Vasconcelos e Sousa, Caldas Barbosa foi sempre pessoa de trato afável e coração generoso. E neste ponto, inclusive, o historiador da literatura portuguesa Teófilo Braga oferece uma prova, baseado em apontamentos do sempre bem informado dicionarista Inocêncio: em 1792, quando os escândalos do colega padre Agostinho de Macedo o levaram à expulsão da Igreja, é Caldas Barbosa quem o salva da miséria, obtendo-lhe um lugar de amanuense no *Jornal Enciclopédico*, "pe-

Domingos Caldas Barbosa

riódico mensal dedicado às ciências e à literatura".[1] Agradecido, o ex-frade graciano exalta Caldas Barbosa numa ode como "sublime sonoro Caldas", mas para depois — como era de seu caráter — ridicularizar o benfeitor chamando-o de "papagaio".

O que seria, aliás, aproveitado por Bocage para atacar a empáfia de Agostinho de Macedo, escrevendo nos versos de sua sátira "Pena de Talião", em que desencava o rival: "Chamaste grande, harmônico a Lereno,/ Ao fusco trovador, que em papagaio/ Converteste depois, havendo impado/ Com tabernal chanfana, alarve almoço,/ A expensas do coitado orangotango".[2]

---

[1] *Memórias para a vida íntima de José Agostinho de Macedo*, por Inocêncio Francisco da Silva, autor do *Dicionário bibliográfico português*. Obra póstuma, organizada sobre três redações manuscritas de 1848, 1854 e 1863 e completada quanto a documentos e bibliografia por Teófilo Braga, Lisboa, Por ordem e na Tipografia da Academia Real das Ciências, 1898, p. 33. Ao citar o *Jornal Enciclopédico*, escreve Teófilo Braga: "os seus editores, comovidos da penúria em que viam José Agostinho, ou cedendo (como alguém nos afirmou) às instâncias do Beneficiado Caldas, que por ele se interessava, vieram em seu auxílio, resolvendo admiti-lo ao serviço daquela empresa".

[2] Bocage, "Pena de Talião", *Líricas e sátiras de Bocage*, s/d, p. 145. Uma idéia do caráter do padre Agostinho de Macedo é fornecida, aliás, não apenas por esse episódio de ingratidão em relação a seu benfeitor Caldas Barbosa, mas nos próprios motivos da perda da batina: além de apostasias e vida desregrada, Agostinho de Macedo era ladrão de livros, desde os tempos de aluno de teologia do Colégio de Nossa Senhora do Pópulo, de Braga, em 1782. Segundo documentos transcritos por Carlos Olavo em *A vida turbulenta do Padre José Agostinho de Macedo*, o biografado, após fuga do Convento da Graça de Évora, em 1785, é admitido imprevidentemente como bibliotecário no Convento da Graça de Lisboa, onde já em julho de 1788 é "punido de terceira Apostasia, fuga do cárcere e segundo roubo de Livraria". Transferido em 1789 — após apelo ao intendente-geral da Polícia, Pina Manique — para o mosteiro da ordem dos monges de São Paulo, na Calçada do Combro, em Lisboa, daí passou também a furtar livros, que vendia no Rocio ao livreiro João Batista Reicend, conforme certidão policial transcrita por Carlos Olavo *in A vida turbulenta do Padre José Agostinho de Macedo*, s/d [1938].

José Ramos Tinhorão

A ausência de resposta do brasileiro a tais agressões mostra que, a suas qualidades de amabilidade e generosidade, se poderia acrescentar a da moderação. O único exemplo de reação mais forte de Caldas Barbosa terá sido a que Hernâni Cidade cita em seu livro *Bocage, a obra e o homem*: no aceso de polêmica literária entre poetas acadêmicos e o rebelde Manuel Maria Barbosa du Bocage, a resposta de Caldas Barbosa viria em apenas quatro versos, que lembravam a fama de ateísmo do rival. E Hernâni Cidade conta:

"Freqüentemente, o dardo é contido numa simples quadra. O padre Caldas tinha feito, venenosamente, estes versos, de que se adivinha o eco por sacristias e conventos:

'De todos sempre diz mal
O ímpio Manuel Maria,
E se de Deus o não disse
Foi porque não o conhecia'."[3]

Na resposta a essa quadra que correu anônima, mas que entre os literatos da época se sabia quem era o autor, Bocage contribuía para confirmar mais um dado pessoal da escassa soma de informações sobre o poeta brasileiro: Domingos Caldas Barbosa — e a figura gordota do retrato de 1798 o comprova — gostava de comer:

"Dizem que o Caldas glutão
Em Bocage ferra o dente.
Ora é forte admiração,
Ver um cão morder a gente!"[4]

---

[3] Hernâni Cidade, *Bocage, a obra e o homem*, 1950, p. 60.

[4] *Apud* Hernâni Cidade, *in op. cit.*, p. 60.

É muito significativo, aliás, o fato de em todas as sátiras endereçadas a Caldas Barbosa que se conhecem — partidas de Bocage, de Filinto Elysio ou de Agostinho de Macedo — nenhuma referir-se a qualquer possível fraqueza moral do caricaturado, mas sempre a uma condição que só o preconceito étnico europeu via como defeito: a cor da pele, indicadora da ascendência africana do poeta.

Realmente, o que parecia em verdade incomodar os poetas portugueses que investiam contra o mulato brasileiro era o sucesso que alcançava nos salões, ao interpretar à viola não apenas cantigas (quadras compostas às vezes de improviso), mas modinhas e lundus que encantavam os ouvintes pela novidade da música (a balançar nas síncopas constantes do acompanhamento), e pela mensagem direta e coloquial das letras (antecipadoras do sentimento apaixonado do eu romântico).

Ora, essa ousadia de algo que aparecia como novo, vinda de um poeta cantador que, além de oriundo da colônia, revelava na cor parda a origem de baixa condição, era o que levava Bocage a resumir, na acusação final de um soneto contra Caldas Barbosa, todo aquele rancor invejoso da pretensa superioridade étnica européia:

"É porque sendo, oh Caldas, tão somente
Um cafre, um goso, um néscio, um parvo, um
[trampa,
Queres meter o nariz em cu de gente."[5]

É contra esse pano de fundo social que se vai mover a figura do brasileiro Domingos Caldas Barbosa de 1763 a 1800, com uma imagem de contorno pessoal nem sempre nítida, mas de importância histórica aferível pela comprovação que, ainda no século XIX, o estudioso Sílvio Romero faria da perenidade de seus

---

[5] Bocage, *Poesias eróticas burlescas e satíricas*, soneto XVIII, p. 126.

versos na memória do povo: "Quando em algumas províncias do Norte coligi grande cópia de canções populares, repetidas vezes colhi canções de Caldas Barbosa como anônimas, repetidas por analfabetos".

E é, pois, a trajetória talvez não tão luminosa quanto a de outros poetas de brilho na literatura brasileira, mas certamente até hoje não apagada na memória do povo, que se vai conhecer agora pela crônica da vida de Domingos Caldas Barbosa, mulato brasileiro, poeta e compositor.

2.
O RIO DA INFÂNCIA
DO FUTURO POETA

Quando o futuro poeta, autor de modinhas e lundus e tocador de viola Domingos Caldas Barbosa nasceu, em 1740, o Rio de Janeiro ainda não passava de um burgo colonial de pouco mais de 20 mil habitantes, concentrados entre charcos e morros no triângulo de uma área que, partindo dos extremos dos morros do Castelo e São Bento, avançava com a rua da Alfândega até vizinhanças do Campo de Santana.

Com seu calçamento de pedras alcançando apenas a rua dos Ourives, até os limites com a malcheirosa rua da Vala, tudo o mais eram os chamados caminhos, as sendas de terra batida e mato ralo que se estendiam ladeando morros e pântanos, como para o norte os do Desterro (futura rua Evaristo da Veiga), de Mataporcos (depois rua Riachuelo), que conduzia à zona rural dos engenhos do Andaraí. E, para o sul, os que, partindo do morro do Castelo, levavam pelo vale do Catete à distante Alagoa, que seria Botafogo.

É verdade que, desde a chegada ao Rio, em 1733, do dinâmico capitão-geral e governador da Repartição do Sul (Rio de Janeiro, São Paulo e Minas), Gomes Freire de Andrade — a partir de 1758 conde de Bobadela —, a paisagem da cidade começava a mudar, com uma série de obras modernizadoras que, de certa maneira, antecipavam o espírito iluminista a inaugurar-se em Portugal com o advento do governo do marquês de Pombal no reinado de d. José I.

No próprio ano do nascimento do poeta, por exemplo, não apenas se inaugurava a 15 de setembro de 1740 o Recolhimento da Misericórdia (que, após transformar-se em 1766 no Seminário dos Órfãos de São Pedro, passaria em 1837 a constituir o Colégio Pedro II, destinado a chegar ao século XXI no mesmo local), mas iniciavam-se as obras do palácio dos governadores, depois sucessivamente dos vice-reis, imperial e real. Palácio concluído em 1743 que revelava desde logo sua absoluta modernidade em um pequeno pormenor arquitetônico: a extensa carreira de janelas que abriam para o largo fronteiro. Era a mais ostensiva afirmação do novo, pois até então todas as casas cariocas, mesmo as maiores de três e quatro andares, eram de rótula ou gelosias, com suas treliças de ripas de madeira cruzadas, ou ainda, entre os mais pobres, de urupemas, os trançados de fibras que lhes davam a aparência de peneiras.

Essa animada onda modernizadora — que incluiria, durante a administração de Gomes Freire (1733 a 1763), para além da abertura de ruas e estradas, a continuação das obras da fortaleza da Ilha das Cobras, a reconstrução da já existente na Ilha da Conceição, e a substituição dos velhos arcos da Carioca do tempo do governador Aires Saldanha — permitiria ao menino Domingos Caldas Barbosa testemunhar grandes acontecimentos. E, quem sabe, participar mesmo de festas como as que marcaram a inauguração do acaçapado Convento da Ajuda, pesadamente levantado no mesmo local em que, século e meio depois, nova onda modernizadora ergueria o complexo bem mais mundano de diversões da Cinelândia.

Em verdade, na inauguração em 1750 do que se conheceria depois sempre como a Ajuda, o Rio de Janeiro inteiro acendeu-se em luminárias — todas as casas das ruas Direita, Misericórdia e São José fizeram brilhar lanternas, lamparinas e archotes — para aplaudir o alegre desfile da chegada das freiras e noviças. E o cortejo não deixaria de ter mesmo o seu lado carnavalesco: é que à frente ia a abadessa carregada por escravos numa cadeira a abrir o séquito das candidatas a noviças (quatro professas vinham da Bahia) resguardadas em seges, mas, logo atrás, apareciam caminhando com seu natural rebolado de quadris, entre filas de soldados, as trinta escravas negras destinadas a compor o corpo da criadagem do convento.[6] O espetáculo não seria estranho aos olhos do menino Domingos Caldas Barbosa, pois, segundo depoimento do francês anônimo que por aquela época visitava a cidade como tripulante do navio *L'Arc-en-Ciel*, "vê-se no Rio de Janeiro uma grande quantidade de mulatos", o que o levava a comentar: "Nessa cidade, a cada dia que passa, o sangue mistura-se mais e mais, pois o clima e a ociosidade tornam o povo fortemente inclinado à libertinagem".[7] Essa apontada tendência à "libertinagem e ao amor desordenado pelas mulheres" que o visitante atribuía a um determinismo meteorológico — antecipando neste ponto a antropologia

---

[6] As informações alinhadas pelo autor para esta reconstituição de imagens da vida carioca ao tempo do governo de Gomes Freire de Andrade são fornecidas dispersamente pela bibliografia sobre a evolução histórico-social do Rio de Janeiro, e que inclui, além dos depoimentos de viajantes contemporâneos dos fatos (o anônimo redator do "Relâche du vaisseau L'Arc-en-Ciel à Rio de Janeiro, 1748", traduzido de manuscrito da Biblioteca da Ajuda por Jean Marcel Carvalho França *in Visões do Rio de Janeiro colonial*; abade de la Caille em seu *Journal Historique*, de 1750, citado por Luís Edmundo *in Recordações do Rio antigo*; M. De La Flotte, 1757, citado por Afonso Taunay *in Visitantes do Brasil colonial*; e Don Juan Aguirre, 1782, em seu *Diário de J. F. de Aguirre*, *in* Anales de la Biblioteca, Publicaciones de Documentos Relativos al Rio de la Plata, Buenos Aires, vol. V, 1905), a obra básica de historiadores da vida carioca do período como Max Fleiuss, Vieira Fazenda, Taunay, Escragnole Doria e Delgado de Carvalho.

[7] Anônimo redator do manuscrito "Relâche du vaisseau L'Arc-en-Ciel à Rio de Janeiro, 1748", Lisboa, manuscrito da Biblioteca da Ajuda 54-XIII-4m. 9, traduzido por Jean Marcel Carvalho França *in Visões do Rio de Janeiro colonial: antologia de textos, 1531-1800*, Rio de Janeiro, p. 84. Demais informações colhidas nas obras de Vieira Fazenda, *Antiqualhas e memórias do Rio de Janeiro*, tomo 86, vol. 140 (1919), 1921; tomo 88, vol. 142, 2ª ed., 1940; tomo 93, vol. 147 (1923), 1927; tomo 95, vol. 149, 2ª ed., 1943; Max Fleiuss, *História da cidade do Rio de Janeiro (Distrito Federal)*, s/d [1928]; e Afonso Taunay, *Assuntos de três séculos coloniais (1590-1790)*, 1944.

equivocada do século XIX — não constituía certamente "o clima terrivelmente quente que se faz sentir nestas plagas", mas a segunda causa que igualmente apontava: a ociosidade.

O ritmo da vida era lento e obedecia a uma espécie de ritual determinado por convenções aceitas por todos: as senhoras das famílias brancas saíam para a missa às quatro da madrugada; o almoço — chamado de janta — era servido na primeira parte da manhã; o comércio fechava as portas das dez às duas da tarde para a sesta e, quando os sinos ao fim do dia tocavam o Ângelus, todos os passantes ajoelhavam-se nas ruas diante dos oratórios armados ao alto das paredes externas das igrejas. Pelo correr do dia, enquanto os escravos faziam filas para encher os potes d'água de uso doméstico, que jorravam dos canos do aqueduto da Carioca, as mulheres podiam lavar a roupa das famílias no tanque público mandado construir pelo governador Gomes Freire junto da mesma fonte "para serventia da população".[8]

Ao cair da tarde, todos os moradores se recolhiam a suas casas — no inverno às seis da noite, às sete no verão —, acendiam-se as lamparinas de azeite, os homens despiam sua véstia (o manto ou capa jogado sobre o longo colete de abas abertas em bico à altura das coxas), enquanto as mulheres, livres das mantilhas que na rua as cobriam desde a cabeça, conservavam apenas a saia e a camisa aberta ao peito, quase igual a dos maridos. Dentro em pouco, com o dobrar dos sinos em toque de silêncio, deitavam-se na cama representada por uma armação de madeira em forma de palanque, pudicamente envolta por cortinas de pano, para o sono que se estendia até o cantar dos galos, pela madrugada.[9]

---

[8] Informação de Carlos Delgado de Carvalho *in História da cidade do Rio de Janeiro*, 1926, p. 54.

[9] As informações usadas pelo autor para este quadro da rotina da família carioca de meados do século XVIII podem ser encontradas nos relatos do anônimo redator do "Relâche du vaisseau L'Arc-en-Ciel à Rio de Janeiro", cit.; do francês De La Flotte, citado respectivamente por Afonso de

É compreensível, pois, que, numa pequena sociedade reduzida em sua vida comum à monotonia de tal rotina, toda e qualquer oportunidade que permitisse escapar a essa rigidez do dia-a-dia se transformasse em festa ou pretexto para o gozo do lazer. Essas oportunidades, normalmente oferecidas pelas atividades do calendário religioso e pelas solenidades cívicas oficiais, multiplicavam-se por meio da iniciativa particular, e não apenas ante o surgimento de qualquer motivo eventual (como o da chegada das freiras da Ajuda), mas mesmo sem pretexto algum. É que, como a estreiteza e simplicidade da vida econômica não convidava à competição profissional, nem à luta pela acumulação de ganhos comerciais, artesãos e pequenos comerciantes uniam-se no desejo de redução do tempo julgado necessário para o desempenho de suas atividades. E era isso exatamente o que anotaria o viajante francês De La Flotte, ao observar no Rio de 1757 que bastava aos "portugueses do Brasil ganharem algumas patacas de cobre", para "imediatamente fecharem suas sórdidas lojas, envergar a capa, empunhar o violão [seria certamente a viola] e irem ao encontro de suas 'senhoras' de quem não se desprendem senão quando o apuro os forçava a retornar ao trabalho".[10]

Taunay, *Visitantes do Brasil colonial (séculos XVI-XVIII)*, 1938, e por Jean Marcel Carvalho França *in Visões do Rio de Janeiro*, cit.; do astrônomo francês abade de la Caille, cuja visita ao Rio em 1750 é comentada por Luís Edmundo *in Recordações do Rio antigo*, Rio de Janeiro, 1950 e, finalmente, do comodoro inglês John Byron (avô do poeta Lord Byron) em seu *A voyage round the world, in His Majesty's ship The Dolphin*, 1767.

[10] *Apud* Afonso E. Taunay, *in Visitantes do Brasil colonial (séculos XVI-XVIII)*, cit., p. 99. Melhor tradução da mesma passagem do relato de De La Flotte seria fornecida por Jean Marcel Carvalho França em sua antologia de textos reunida sob o título de *Visões do Rio de Janeiro colonial* ("Um habitante local, que vive de uma profissão vil e limitada, quando consegue ganhar algumas patacas (moeda de cobre do país), fecha o seu estabelecimento, põe seu manto, pega a sua guitarra, e vai atrás de *sua senhora*, só a deixando quando a necessidade se impõe e ele se vê obrigado a retomar o trabalho", p. 104). Ainda assim tal tradução peca por impropriedade, pois *man-*

Domingos Caldas Barbosa

Mesmo fora dessas escapadas eventuais, esses homens brancos da cidade, chamados em geral pelos estrangeiros de "portugueses do Rio de Janeiro" — como faria o inglês John Byron em 1764 —, não deixavam de entregar-se também ao exercício de certa vida noturna. E era o que esse inglês (que viria a ser avô do famoso poeta George Gordon Byron) anotava: "Ao cair da noite, os portugueses do Rio de Janeiro saem de casa e partem para locais de deboche, onde se entregam aos maiores excessos".[11]

Esses "locais de deboche" só podiam ser, naturalmente, à época, os pontos da cidade em que à noite se ajuntavam as prostitutas. Protegidas pelas sombras da fraca iluminação pública à base das fumegantes lanternas de óleo de peixe, as negras e mulatas que em 1750 compunham a maioria dessas prestadoras de serviços sexuais concentravam-se, conforme testemunho do abade Lacaille, sob o Arco do Teles, no Terreiro do Paço, ou mais dispersamente à fraca luz dos oratórios existentes em vários pontos da cidade.[12]

Além dessa prostituição de rua, existiam também certas casas de raparigas, onde alegres cortesãs — já aqui saídas algumas da minoria branca — garantiam a seus clientes não apenas a oportunidade dos "excessos", mas um divertido ambiente a que não faltava a novidade da cantoria das chamadas "modas da terra", principalmente a modinha e o lundu. E uma prova de que esses dois novos gêneros de canto da gente das cidades andavam em grande voga nesses ambientes, exatamente à época da partida de

---

to seria o clássico *capote*, e a *guitare* do original francês, a tradicional viola portuguesa-brasileira.

[11] John Byron, *Voyage autour du monde fait en 1748 & 1765, Sur le vaisseau de guerre anglais Le Dauphin, commendée par le Chef-d'Escadre Byron*, 1767.

[12] O abade Nicolas-Louis de Lacaille (1713-1762), que passou no ano de 1730 algum tempo no Rio de Janeiro a caminho do cabo de Boa Esperança (onde permaneceria efetuando estudos astronômicos até 1734), conseguiu em suas observações o registro recorde de 10 mil estrelas e a localização de 14 constelações.

Domingos Caldas Barbosa para Portugal (em 1763 já figurava inscrito na Instituta da Universidade de Coimbra, como candidato ao curso de leis e cânones), apareceria registrado até na literatura.

Em seu romance histórico *As mulheres de mantilha*, ambientado no Rio de Janeiro de 1763 a 1767, Joaquim Manuel de Macedo ia de fato demorar-se na descrição do clima de "alegre reunião" na "casa de famosa cortesã" — Maria de... E com a segurança de quem se baseava em informações de um octogenário contemporâneo da vida carioca da segunda metade do século XVIII, mostrava, como centro da atração entre essa "sociedade bem retirada", a interpretação de um lundu de letra divertida. Era o lundu em cujos versos se comentava a ordem do novo vice-rei, conde da Cunha (sucessor de Gomes Freire), obrigando os desocupados a procurar emprego e casarem-se, sob pena de recrutamento como soldados nos regimentos de linha. Quem cantava o lundu era "uma linda rapariga", e ao som de uma viola que — observava o romancista — "é o instrumento do povo":

"Lundu novo! — exclamou uma linda rapariga, levantando-se e tomando a viola.
— Por que não o cravo?
— O cravo é mais nobre, pertence à chácara e baladas: o lundu é mais plebeu e cabe de direito à viola, que é o instrumento do povo.
— Vamos pois ao lundu."[13]

E é então que a rapariga canta:

"Graças ao Conde da Cunha
Ao bando casamenteiro

---

[13] Joaquim Manuel de Macedo, *As mulheres de mantilha*, 1931, vol. II, pp. 93-4. A edição original em dois volumes (o 1º de 1870, o 2º de 1871) é de B. L. Garnier, Rio de Janeiro.

Acham noivos raparigas
Sem nobreza e sem dinheiro.

Em um mês acabam
As moças solteiras.
Os noivos recorrem
Às velhas gaiteiras."[14]

Realmente, marcado por essa origem na baixa camada da colônia, é natural que o lundu ainda não tivesse aceitação entre as "famílias", como o mesmo romancista mostrava ao descrever o constrangimento causado pela inocência de uma menina, ao escolher a interpretação de um lundu durante sarau no palácio do vice-rei:

> "Inês, ignorante de etiquetas, sem a inspiração das conveniências de uma festa oficial, sem que a houvessem prevenido do que lhe cumpria fazer, escolheu para cantar o que melhor sabia, e com o que mais gabos ganhava; cantou o mais engraçado dos lundus. Se a — modinha — fora mal cabida, o lundu era inteiramente fora de propósito."[15]

Tal como pedia, porém, o bom senso que se deve esperar de uma autoridade, o vice-rei compreendeu a inocência da escolha da menina e aplaudiu a apresentação. E, assim, o resultado da in-

---

[14] Joaquim Manuel de Macedo transcreve apenas cinco quadras do lundu cantado pela cortesã, mas em mais uma evidência de lhe terem sido os versos transmitidos realmente por contemporâneo, com caráter de memória documental, acrescentaria: "Com esta, mais cinco ou sete coplas cantou a rapariga no meio de risos e aplausos" (*As mulheres de mantilha*, ed. de 1931 cit., vol. II, p. 94).

[15] Joaquim Manuel de Macedo, *As mulheres de mantilha*, cit., vol. II, p. 101.

conveniência equivaleu à superação do preconceito: "O lundu cantado por Inês foi a revolta feliz contra a etiqueta".

O gênero brejeiro e malicioso do "lundu plebeu", em verdade só aceito com naturalidade ao tempo entre a gente baixa — ao contrário da modinha, já admitida às salas da minoria branca da colônia —, escandalizava as famílias pela liberdade das letras que, por vezes, ultrapassava de fato a chulice até os extremos de licenciosidade do duplo sentido escatológico.

No próprio romance *As mulheres de mantilha*, o velho informante do escritor ia fornecer-lhe exemplo de uma das "cantigas desse tempo", e cujos versos Joaquim Manuel de Macedo transcreve confirmando devê-los "à memória de um velho octogenário":

> "Não é preciso dizer que de 1763 a 1787 [período do governo do Conde da Cunha no Rio de Janeiro] somente em segredo e em sociedade bem retirada e cautelosa se ousava cantar a copla audaciosa que aliás todos sabiam de cor.
> Ei-la aí vai:
>
> 'Um dia o Conde da Cunha
> Em dous seu nome cortou:
> Do primeiro se enjoou,
> O segundo nada impunha;
> Mas o Menezes [ajudante de sala do Governador]
> [matreiro
> Dele fez comprida *unha*,
> Furtando o *u* do primeiro'."[16]

Foi, pois, nesse ambiente acanhado de burgo colonial, que o Rio de Janeiro continuava a ser às vésperas de sua elevação a capital do vice-reinado do Brasil (a mudança, da Bahia para o Rio,

---

[16] *Idem, ibidem.*

é ordenada pelo rei em janeiro de 1763, mas d. Antonio Álvares da Cunha só chegaria em outubro), que o futuro poeta e tocador de viola Domingos Caldas Barbosa viveu sua infância e primeira juventude. E era portanto assim, ilustrado apenas pela vivência popular tão próxima, nesse meio, da cultura de escravos africanos e crioulos, que em inícios da década de 1750 faria sua entrada no Colégio dos Jesuítas do Morro do Castelo, desde 1567 mantido como baluarte da Contra-Reforma pelos padres da Companhia de Jesus.

3.
DO COLÉGIO DOS JESUÍTAS
À "BELA VIDA MILITAR"

As únicas informações objetivas sobre os primeiros 22 anos da vida de Domingos Caldas Barbosa — desde seu nascimento no Rio de Janeiro, quase certamente em 1740, até sua partida para Portugal, onde aparece inscrito para o curso de leis e cânones da Universidade de Coimbra em 1763 — são as de que estudara no Colégio dos Jesuítas do Morro do Castelo e servira como soldado na Colônia do Sacramento.

Ora, como a idade mais comum para a admissão ao ensino médio da época, representado pelos cursos do Colégio dos Jesuítas, era a de doze anos, e o Brasil perdeu a Colônia do Sacramento para a Espanha em 29 de outubro de 1762, tudo o que se pode concluir é que Domingos Caldas Barbosa teria sido aluno dos jesuítas de 1752 a 1757 ou 1758, e logo após enviado ao sul como soldado, durante as lutas entre portugueses e espanhóis pela posse daquele território do sul.

Realmente, tudo o que a partir do século XX se tem escrito sobre o nascimento, infância e juventude de Domingos Caldas Barbosa nada mais faz do que repetir o que revelou no século XIX sobre a vida do futuro poeta e tocador de viola um reduzido número de sete autores. A saber: Francisco Adolfo de Varnhagen em seu *Florilégio da poesia brasileira*, em 1850 (seguido de perfil do poeta para a série "Bibliografias" da *Revista do Instituto Histórico e Geográfico Brasileiro* em 1851); Joaquim Norberto de Sousa e Silva no capítulo "Poetas repentistas" de livro inédito, publicado pela *Revista Popular* em 1862; o cônego Januário da Cunha Barbosa na notícia sobre o poeta (que dava como seu tio) no tomo

Domingos Caldas Barbosa   27

IV da *Revista Trimensal de História e Geografia* do IHGB, de 1863; Joaquim Manuel de Macedo no terceiro volume de seu *Ano Biográfico*, de 1876; Prezalino Lery Santos, também em apanhado biográfico do poeta na revista *Pantheon Fluminense*, de 1880; Felix Ferreira na revista *Brasil Ilustrado*, em 1887; e, finalmente, Vitorino de Sacramento Blake, no segundo volume de seu *Dicionário bibliográfico brasileiro*, de 1893.

Examinadas no conjunto as informações (às vezes contraditórias) fornecidas por esses poucos autores julgados fonte de tudo o que se poderia saber sobre a fase brasileira da vida de Domingos Caldas Barbosa, resultam os seguintes dados: o pai do futuro poeta era português, a mãe uma escrava deste (Varnhagen); a mãe, em gravidez adiantada ao deixar Angola, teria dado à luz a bordo do navio, em alto-mar (Januário da Cunha Barbosa, seguido por Joaquim Norberto de Sousa e Silva); o menino teria mais provavelmente nascido no Brasil (com o que concordam o dicionarista Sacramento Blake, Lery Santos e Felix Ferreira — quem, aliás, lembraria ter o conselheiro Pereira da Silva opinado "não sabemos com que fundamento, que Caldas Barbosa é natural da Bahia").

Pois agora, como resultado de investigações realizadas nos últimos vinte anos em Portugal e no Brasil pelo autor deste livro, pode-se, mais de um século passado de tantas repetições em torno sempre das mesmas informações, contribuir com alguns novos dados pessoais sobre a vida, a figura e a produção desse poeta e tocador de viola divulgador da modinha e do lundu na Europa, que foi Domingos Caldas Barbosa.

Para começar, a inscrição do jovem estudante brasileiro na Instituta da Universidade de Coimbra, com vista ao curso de leis e cânones, declarava-o definitivamente "natural do Rio de Janeiro" e — como praxe em tal documento de inscrição — indicava-lhe apenas a paternidade: "filho de Antonio de Caldas Barbosa".

A descoberta do nome do pai português do jovem carioca aluno da Universidade de Coimbra permitiria vir saber que esse desconhecido Antonio de Caldas Barbosa fora funcionário de

d. João V na África no "Offício de Tesoureiro das Fazendas dos Defunctos e Auzentes... dos reziduos do Reyno de Angola", de 1731 a 1734.[17]

O conhecimento desse pormenor permite desde logo explicar a circunstância — admitida por todos os biógrafos, desde a primeira notícia do historiador Varnhagen sobre Domingos Caldas Barbosa em 1850 — de o pai do poeta ter chegado ao Rio de Janeiro às vésperas de 1740 vindo de Angola e em companhia de uma negra grávida do menino que reconheceria como filho.

Quanto a essa ainda mais nebulosa figura da mãe do poeta (jamais citada por ele em qualquer dos seus versos), o levantamento genealógico, realizado por dois autores paulistas para um *Dicionário das famílias brasileiras*, viria revelar que ela chamava-se Antonia de Jesus. Citada assim, nominalmente, no testamento de um capitão Antonio Caldas Barbosa, que a dava como "preta forra", esta africana mãe do futuro poeta deve ter sido escrava do pai que, funcionário português em Angola, a alforriaria depois de chegar ao Rio de Janeiro, a fim de evitar que o filho nascesse escravo.[18]

---

[17] A identificação de Antonio de Caldas Barbosa como funcionário da Fazenda portuguesa em Angola resultou de investigação realizada em Portugal, a pedido do autor deste livro, pelo músico e musicólogo professor da Secção de Música da Universidade de Évora, Manuel Morais, a quem agradecemos.

[18] *Dicionário das famílias brasileiras*, de Carlos Eduardo de Almeida Barata e Antonio Henriques da Cunha Bueno. Às páginas 595-6 do volume I consta, sob a indicação "Linha Africana" (denominação criada pelos autores para identificar "famílias cujos sobrenomes não são originalmente africanos, mas resultam de miscigenação"), a informação: "o Cap. Antonio Caldas Barbosa [*c.* 1715, Viana-1763, RJ], negociante na Praça do Rio de Janeiro, faleceu solteiro declarando em seu testamento, ter tido um filho natural havido com Antonia de Jesus, 'preta forra'. Foi este filho o grande poeta e dramaturgo Domingos Caldas Barbosa [*c.* 1740-1809 (*sic*)] (Arq. Gilson Nazareth)". Apesar de a informação ser muito plausível (tudo indica que o pai de Domingos Caldas Barbosa morreu realmente em 1763), fi-

Como, porém, nada mais se sabe sobre os primeiros anos da vida desse menino filho de pai português e mãe africana, a não ser pelas entrelinhas de alguns versos queixosos do futuro poeta — "Neste dia fatal, infausto Dia,/ Nasceu ao Mundo mais um desgraçado" —, tudo o que se pode ter como plausível é que, apesar da infância pobre, completou a escola de ler e escrever sob orientação de algum mestre-escola, e com aproveitamento bastante para logo ingressar no Colégio dos Jesuítas.

Se o ano mais provável do nascimento de Domingos Caldas Barbosa é o de 1740, a admissão ao Colégio dos Jesuítas do alto do Morro do Castelo deve ter ocorrido em 1752. E neste ponto, aliás, embora seja impossível dar como definitivo esse ano de 1740 como o do nascimento do novo aluno dos padres (alguns autores indicam 1738), o polígrafo brasileiro Luís da Câmara Cascudo chamaria a atenção para um pormenor interessante: sem se poder dar como certo o ano de nascimento de Caldas Barbosa, talvez se pudesse determinar o dia e o mês. É que, como lembrava Cascudo em sua apresentação da coletânea do poeta para a coleção *Nossos Clássicos*, da Editora Agir, em 1958, conforme o costume

---

ca dúvida quanto à verdadeira identidade desse capitão Antonio Caldas Barbosa: além do pai do poeta assinar-se Antonio de Caldas Barbosa, se tivesse de fato nascido em 1715, como afirmam os genealogistas, teria assumido em 1731, em Angola, o cargo de "Tesoureiro das Fazendas dos Defunctos e Auzentes" com apenas 16 anos, o que parece muito improvável. De qualquer forma, ainda que a informação genealógica fornecida pelos autores desse *Dicionário das famílias brasileiras* pareça ter juntado dois Domingos Caldas (um assim, outro de Caldas) Barbosa, resta como boa a notícia sobre a mãe do poeta Domingos Caldas Barbosa chamar-se Antonia de Jesus. Enfim, como os autores dão como de *circa* 1715 o nascimento do pretendido pai do poeta, o provável é que o capitão Antonio Caldas Barbosa fosse em verdade alguns dez anos mais velho, o que faria recuar esse *circa* para 1705. Os autores do *Dicionário das famílias brasileiras* afirmam basear seu levantamento na leitura não apenas de documentos públicos e material dos acervos do Instituto Geneológico e do Colégio Brasileiro de Genealogia, mas, ainda, de arquivos particulares, como o de Gilson Nazareth, usado em abonação às informações sobre o pai de Domingos Caldas Barbosa.

português e brasileiro de escolher para os nascituros o nome do santo do dia, Domingos poderia indicar o onomástico do santo criador do culto do rosário, São Domingos, comemorado a 4 de agosto.[19]

O que se pode ter como certo, afinal, é que, ao ingressar no Colégio dos Jesuítas, o jovem Domingos Caldas Barbosa preparava-se para receber uma formação cultural "internacionalista de tendência, inspirada por uma ideologia religiosa, católica, e a cuja base residiam as humanidades latinas e os comentários das obras de Aristóteles, solicitados em um sentido cristão".[20]

Na verdade, desde os fins do século XVI, quando os jesuítas assumiram o monopólio da educação nos primeiros núcleos urbanos do império colonial português, o espírito que presidia seu ensino era o da Contra-Reforma, que, por artes da escolástica, conduzia no plano religioso ao respeito à autoridade moral da Igreja e, no plano político-social, à sujeição ao poder do Estado. O que gerava, naturalmente, no plano cultural, a aceitação única das formas clássicas resultante da leitura dos autores antigos orientada pela teologia.

O programa escolar dos jesuítas, realmente, baseava-se ainda por aqueles meados do século XVIII no plano de estudos denominado *Ratio Studiorum* (promulgado em 1586 e reafirmado em 1599), que instituía o ensino das chamadas sete artes liberais e da filosofia, dividido em dois conjuntos de matérias: o básico denominado *Trivium* (gramática, dialética e retórica), e o mais avançado *Quadrivium* (geometria, aritmética, música e astronomia). A esses cinco anos de curso médio, acrescentava-se no Colégio dos Jesuítas do Rio de Janeiro o Curso de Artes para estu-

---

[19] "Se o nome lhe veio por nascer no dia de São Domingos, uso respeitadíssimo em Portugal, onde os próprios Soberanos obedeciam, seria 4 de agosto o seu onomástico" (Luís da Câmara Cascudo na apresentação do volume nº 16 da Coleção Nossos Clássicos, *Caldas Barbosa — Poesia*, p. 8.

[20] Observação do professor Fernando de Azevedo em *A cultura brasileira: introdução ao estudo da cultura no Brasil*, p. 309.

Domingos Caldas Barbosa

dos de filosofia e ciências, dividido em três anos: 1° ano, filosofia de Aristóteles e Santo Tomás de Aquino; 2° ano, física e ciências naturais; 3° ano, física especial ou aplicada.

Os cinco anos compreendidos pelo *Trivium* e *Quadrivium* compunham o chamado curso de Letras Humanas ou Humanidades Latinas, e destinava-se — como observaria Fernando de Azevedo — "a formar o homem *in litteris humanioribus*, ministrando-lhes um ensino eminentemente literário de base clássica", que constituía "o verdadeiro alicerce de toda essa estrutura, solidamente montada, do ensino jesuítico".[21]

Isso se conseguia porque, sob a indicação de gramática, estudava-se, na realidade, a forma e o conteúdo das obras de autores latinos julgados clássicos, e sob os nomes de dialética e retórica, os métodos da escolástica, criados para permitir a discussão sob a forma de comentários à lógica de Aristóteles, mas seguindo a interpretação cristianizada do pensamento do filósofo grego estabelecida pelo doutor da Igreja Tomás de Aquino em sua *Summa teológica* do século XIII.

O método básico da escolástica (nome derivado dos locais de estudo episcopais medievais chamados de *schola*) consistia no comentário das Escrituras, por meio da escolha de certas passagens para a formulação de glosas ou paráfrases. A liberdade dos raciocínios no desenvolvimento de tais comentários, no entanto, ficava na prática muito reduzida ante a necessidade de concluir-se sempre pela conciliação entre a razão e a fé. O resultado do emprego de tais métodos era, pois, a transformação da dialética de Aristóteles numa argumentação sujeita às regras da lógica, o que equivalia a confundir lógica e dialética, reduzindo-as a uma coisa só.[22]

---

[21] Fernando de Azevedo, *A cultura brasileira*, cit., p. 299.

[22] A escolástica contornava com tais artifícios o objetivo central da dialética aristotélica, que propunha a exposição dos argumentos acompanhada de raciocínios capazes de levar ao convencimento. Da mesma forma a

A conseqüência de tal mecanismo pedagógico era a configuração de um ensino baseado numa espécie de jogo de cartas marcadas, pois a necessidade primordial de conciliar razão e fé, conforme pregava a teologia (que, desde logo, considerava a razão uma servidora da fé — *ancila fidei*), levava a enredar a liberdade especulativa na armadilha do formalismo da doutrina cristã, o que equivalia a submeter as discussões teóricas ao princípio da autoridade teologal.

Essa formação sob rigoroso controle intelectual imposta pelo método de ensino dos jesuítas completava-se pela esperta mediação de uma língua morta, que o internacionalismo da Igreja transformava em veículo exclusivo de comunicação: o latim da *Vulgata* de São Jerônimo, do século V, revista pelo sábio educador religioso anglo-saxão Alcuíno no século XIII.

E era assim que, formados na colônia do Brasil até o nível de "bacharéis em letras",[23] que sob o título de "mestres em Artes" lhes conferia o Curso de Artes do Colégio dos Jesuítas, os jovens da reduzida elite do Rio de Janeiro oitocentista — e o filho de funcionário português da Coroa era um exemplo — podiam apresentar-se para os estudos superiores em Coimbra como autênticos representantes provincianos de uma cultura européia.

No caso particular do mulato Domingos Caldas Barbosa, essa formação padronizada pelo ensino jesuítico ia ser compensada por um segundo perfil cultural: a do jovem filho da colônia submetido a toda uma vivência local marcada pelo contato direto com a gente da camada mais baixa, de variada combinação étnica, mas unânime disposição para a vagabundagem e a chalaça.

De fato, ao tempo em que o futuro poeta concluía seu curso de humanidades e de artes na ampla construção de três anda-

---

lógica — tomada como ramo da filosofia — seria a arte de pensar o todo como verdade a ser demonstrada pela dialética.

[23] A expressão é de Pedro Calmon em sua *História social do Brasil*, s/d, p. 121.

res e duzentos metros de comprimento do Colégio dos Jesuítas do Morro do Castelo (as janelas das salas de aula, ao fundo, tinham vista para a Baía de Guanabara), a colônia portuguesa do Brasil vivia um momento de grande agitação. Em 1759 o governador Gomes Freire de Andrade (desde o ano anterior feito conde de Bobadela) voltava contrariado do Sul do Brasil, onde desde 1752 procurara inutilmente fazer cumprir pelos espanhóis o Tratado de Madri de 1750, que previa a troca das Sete Missões do Uruguai pela Colônia do Sacramento, de controvertida posse luso-brasileira desde 1680. É que, ao mesmo tempo em que a ocupação das Missões, controladas por jesuítas espanhóis, encontrava a oposição dos índios guaranis açulados pelos padres, os representantes da Coroa de Espanha pressionavam pela posse da colônia portuguesa. Foi essa demonstração de força dos jesuítas espanhóis, impedindo a execução do Tratado de Madri no território das Missões, o motivo talvez mais forte que levou o todo-poderoso ministro português marquês de Pombal a responder politicamente a 3 de outubro daquele mesmo ano de 1759, por meio do encaminhamento para assinatura, por d. José I, da "Ley porque Vossa Magestade he servido exterminar, proscrever, e mandar expulsar dos seus Reinos, e Domínios, os Religiosos da Companhia denominada de Jesu".[24]

Como essa ordem de expulsão dos jesuítas de todos os territórios portugueses só chegou ao Rio de Janeiro em fins de 1759 — levando desde logo ao embarque de 199 padres da Companhia de Jesus do Rio de Janeiro e outras partes do Brasil —, Domingos Caldas Barbosa terá pertencido à última turma de formandos do velho colégio religioso do alto do Morro do Castelo.

---

[24] Texto da lei redigida pelo marquês de Pombal para ser assinada pelo rei de Portugal, d. José I, "Mandando que efetivamente sejam expulsos os padres da Companhia de Jesus de todos os meus Reinos, e Domínios, pra neles não mais poderem entrar". Transcrição conforme original da lei de 3 de setembro de 1759, impresso pela Secretaria de Estado dos Negócios do Reino em caderno de quatro folhas (do acervo do autor).

Acima e ao lado, panorama da Baía de Guanabara que se avistava a partir da janela de uma das salas do Colégio dos Jesuítas, no alto do Morro do Castelo, Rio de Janeiro; abaixo, portaria do Colégio, junto à igreja nunca concluída da ordem, mostrando sinais dos três arcos que compunham, no século XVIII, a portaria da escola (reproduções da *Revista da Semana*, n° 44, 29/10/1921, a ilustrar reportagem histórica às vésperas do início da demolição do Morro do Castelo).

Assim como terá testemunhado também a partida forçada daqueles responsáveis pelo seu latim e seu conhecimento dos clássicos latinos a bordo da nau *Nossa Senhora do Livramento*, a 4 de março de 1760.[25] De qualquer forma, não seria apenas este o único acontecimento político a atingir o desarmado ex-aluno do Colégio dos Jesuítas por aquele início da década de 1760. O agravamento da disputa entre portugueses e espanhóis pela posse da Colônia do Sacramento ia levar o governador Gomes Freire de Andrade a reforçar as tropas locais, enquanto não se ultimava novo tratado entre Portugal e Espanha — o chamado Tratado do Pardo, finalmente assinado a 12 de fevereiro de 1761 — que declarava nulo o não-cumprido Tratado de Madri de 1750, e restabelecia a posse portuguesa da Colônia do Sacramento, conforme estabelecido desde 1715 pelo antigo Tratado de Utrecht.

Ora, recém-formado mestre em Artes pelo Colégio dos Jesuítas, Domingos Caldas Barbosa estava na idade exata prevista para convocação ao serviço militar, possibilidade implícita, aliás, no regulamento do próprio colégio, como lembraria o cronista da história carioca Vieira Fazenda: "Formavam [os alunos dos chamados Pátios do Colégio] uma companhia militar, com capitão eleito em lista tríplice e escolhido pelos governadores".[26]

Assim, quando o governador conde de Bobadela, talvez já ao despontar do ano de 1761, recruta soldados destinados a garantir o direito português sobre o território da Colônia do Sacramento, nada mais natural que, entre eles, estivesse o ex-aluno do Colégio dos Jesuítas.

---

[25] O memorialista carioca Vieira Fazenda indicaria em suas *Antiqualhas e memórias do Rio de Janeiro* (tomo 86, volume 140) que, no momento da expulsão dos padres, residiam no colégio do Castelo 97 membros da Companhia de Jesus, sem contar os noviços, serviçais, sacristãos, operários e escravos.

[26] Vieira Fazenda, *Antiqualhas e memórias do Rio de Janeiro*, tomo 95, volume 149, 1943, p. 531.

Essa coincidência de fatos e de datas, a indicar como tão plausível o alistamento do futuro poeta para servir como soldado no Sul do Brasil, põe em causa a hipótese do historiador Francisco Adolfo de Varnhagen em sua notícia sobre Caldas Barbosa na série "Biografias" da *Revista do Instituto Histórico e Geográfico Brasileiro*, em que escrevia:

"Pouco antes da supressão dos Jesuítas freqüentava as aulas deles, no Rio de Janeiro, certo pardinho travesso, que se distinguia entre seus colegas pela grande facilidade que tinha de rimar. Esse jovem, vendo-se aplaudido em seus primeiros ensaios, começava a desmandar-se em invectivas de mau gosto, quando, por correção, lhe sentaram praça de soldado, e o destacaram para a colônia do Sacramento, nesse tempo a Ceuta ou Gibraltar da América."[27]

Escrevendo como fazia, meio século após a morte do biografado, e sem a fonte do conhecimento de pormenores tão pessoais em torno do comportamento do poeta quando jovem, é de supor que andasse na informação de Varnhagem algum tanto de imaginação, pois nada nos versos conhecidos de Domingos Caldas Barbosa indica tendência a "desmandar-se em invectivas de mau gosto". Pelo contrário — e é o próprio Varnhagem que aponta linhas adiante —, o caráter do poeta, como revelado em seus versos, era muito mais de molde a conquistar simpatias, "já por sua alma afetuosa e inofensiva, que não criava inimigos, nem era acessível a intrigas".[28]

O fato histórico é que, enviado como soldado à Colônia do Sacramento para garantir a execução do Tratado do Pardo, de

---

[27] F. A. de Varnhagen, "Domingos Caldas Barbosa", *in Revista do Instituto Histórico e Geográfico Brasileiro*, tomo 14, 1851, p. 449.

[28] *Idem, ibidem*, p. 153.

Domingos Caldas Barbosa

fevereiro de 1761, no momento mesmo que recrudescia o enfrentamento entre portugueses e espanhóis no Sul da colônia, o jovem Domingos Caldas Barbosa lá permaneceria até que, pela capitulação sem glória do governador Vicente da Silva Franco, em 29 de outubro de 1762, ante as forças do governador de Buenos Aires, D. Pedro Ceballos, se impusesse a retirada. Retirada certamente ocorrida em clima de desastre, pois a esquadra de socorro enviada às pressas ao local do conflito teve a nau capitânia incendiada, o que levou à dispersão da esquadra, permitindo o ataque espanhol com morte de 265 homens, inclusive o comandante da frota, o irlandês Macmara. A notícia da derrota, por sinal, teria impacto fulminante sobre o governador no Rio de Janeiro: abalado com o desfecho da ação, o governador Gomes Freire de Andrade morre no dia 1º de janeiro de 1763, sem saber de sua escolha para ser, a partir daquele mesmo mês, o primeiro vice-rei da nova capital da colônia. Por carta régia de 27 de janeiro de 1763 o rei de Portugal, considerando a mudança do eixo econômico do Norte para o Sul do Brasil, após a descoberta do ouro das Minas Gerais, resolvera transferir a capital do vice-reino da Bahia para o Rio de Janeiro, conferindo a Bobadela o título de vice-rei que, a rigor — sob o título de sargento-mor de Batalhas e capitão-general —, já exercia na prática desde 1733.

Ia ser, pois, nesse momento de consternação geral que Domingos Caldas Barbosa chegaria de volta ao Rio de Janeiro, para só então, após três anos de serviço militar no Sul, poder deixar a farda e retomar a condição de estudante capacitado a candidatar-se a estudos superiores na Universidade de Coimbra.

Embora nada se saiba sobre esse período da vida do ex-aluno dos jesuítas recrutado para a guerra, o que se pode deduzir pelas entrelinhas da série de 25 quadras alinhadas pelo próprio Domingos Caldas Barbosa em sua *Viola de Lereno*, sob o título de "Zabumba", é que essa fase de vida não terá sido assim tão má. A julgar pela repetição, no estribilho das cantigas, da expressão "bela vida militar", tudo parece indicar que, mesmo sob o ritmo marcial marcado pelo "tan, tan" do bombo (chamado com intimida-

38   José Ramos Tinhorão

de por seu nome popular de zabumba), a marcha para o "trabalho honroso" exigido por Marte não impedia nos intervalos o "rir e zombar" ou "rir, e folgar" permitidos por Amor:

"Amor ajustou com Marte
Vãos Mancebeos alistar,
Um lhes dá trabalho honroso,
Outro os faz rir e zombar

Tan, tan, tan, tan Zabumba
Bela vida Militar;
Defender o Rei e a Pátria
E depois rir, e folgar.

Toca Marte à Generala,
Vai às armas aprestar;
Amor tem prazeres doces,
Com que os males temperar

Tan, tan, etc."[29]

O que em suas memórias rimadas do tempo de soldado o poeta deixa perceber, é que essas oportunidades oferecidas pelo deus do amor não eram de fato tão raras, pois os olhares trocados com as moças durante a passagem da tropa ("Vai passando o Regimento/ E as meninas a acenar") rendiam à volta dos combates boas oportunidades amorosas ("Os olhos que viram tristes/ Vêm agora consolar"), graças à aura de heroísmo conseguida

---

[29] Domingos Caldas Barbosa, *Viola de Lereno*, 1944, p. 31. A primeira edição dos oito cadernos que compõem o primeiro volume da coletânea de versos de Domingos Caldas Barbosa intitulada *Viola de Lereno* é da Oficina Nunesiana, de Lisboa, em 1798. O segundo volume, póstumo, saiu também em Lisboa pela Tipografia Lacerdina em 1826. As citações são da edição em dois volumes do Instituto Nacional do Livro, Rio de Janeiro, 1944, que segue as primeiras edições do volume I de 1798 e II de 1826.

("Que afrontou sempre os perigos/ Gentil Dama há de escutar,/ S'estimou guardar a vida,/ É só para lhe entregar"). E, isso, não deixando dúvida quanto ao descompromisso dessas pequenas aventuras amorosas, tal como o poeta advertia: "Não creais Meninas nestes,/ Não é certo o seu amor;/ Costumados sempre à marcha/ Até amam a marchar".[30]

Para além, naturalmente, desses encontros de namoro, haveria ainda na "bela vida militar" as boas oportunidades de brincadeiras entre camaradas da mesma idade, a que não faltariam o vira-vira das bebidas disfarçadas no cantil ("Dá-se um beijo na borracha,/ Lá vão brindes a virar"), até o extremo do sono após a bebedeira geral: "Vem quartilho, vai Canada/ Toca enfim a emborrachar/ A cabeça bamboleia,/ Ali ouço ressonar".[31]

Era, pois, o jovem mulato carioca de 23 anos Domingos Caldas Barbosa, submetido a essa dupla formação de ex-aluno da rígida educação clássica do Colégio dos Jesuítas, e da ruidosa e plebéia experiência da vida militar, que iria apresentar-se em Coimbra, com sua pretensão a poeta e sua realidade de cantor de modinhas e lundus populares à viola.

---

[30] "Zabumba, cantigas", *in Viola de Lereno*, ed. 1944, cit., 1º volume, pp. 36-7.

[31] *Idem*, p. 33.

4.
ÓRFÃO EM COIMBRA, FAMINTO EM LISBOA

O jovem candidato ao curso de leis e cânones da Universidade de Coimbra, Domingos Caldas Barbosa, chegou a Portugal em 1763, conforme atestaria o estudioso Teófilo Braga no volume sobre Bocage de sua *História da literatura portuguesa*, ao escrever sobre o poeta brasileiro: "A época de sua retirada para a Europa fixa-se em 1763 pela 'Relação de pessoas a quem se passaram atestações pela Mesa de Inspeção da Cidade do Rio de Janeiro desde que sahiu a Frota do anno de 1761 athé a sahida da presente Frota de 1763, que vae para Lisboa' — Domingos Caldas Barbosa, estudante, vae para Coimbra a continuar seus estudos".[32]

Em verdade, após tempo por certo não muito longo de estada inicial em Lisboa, o estudante brasileiro formado pelo Colégio dos Jesuítas do Rio de Janeiro já comparecia a 1º de outubro de 1763 para matrícula na Instituta da Universidade de Coimbra, com vista aos cursos da Faculdade de Leis. E como na ocasião "o aluno se apresentou 'com certidão de latim', atestando o conhecimento da língua", obteve efetivamente seu objetivo, tal como comprova anotação na folha 224 do livro 81 das matrículas da Universidade referente ao ano de 1763.[33]

---

[32] Segundo o estudante do Instituto de Estudos de Linguagem da Universidade de Campinas, Hugo Burg Cacillas, autor do trabalho de curso "Uma leitura da *Viola de Lereno*, de Domingos Caldas Barbosa", divulgado na internet, Teófilo Braga "tirou a informação de uma 'Comunicação de A. de Azevedo' presente na Torre do Tombo".

[33] Informação fornecida ao autor deste livro pelo Arquivo da Uni-

O *curriculum* acadêmico do moço brasileiro Domingos Caldas Barbosa, agora finalmente revelado em certidão da Universidade de Coimbra, após quase dois séculos e meio guardado nas prateleiras de seu arquivo, mostra uma realidade em contraste com muito do que já se escreveu sobre a carreira do "padre" poeta, com cargos e benefícios da Igreja obtidos em Portugal.

Na verdade, o que os livros de matrícula da Universidade de Coimbra comprovam por meio das anotações de "provas de curso" é que, apesar de Domingos Caldas Barbosa constar matriculado no curso de Leis dos anos de 1764 e 1765, sequer chegou a apresentar-se para confirmação da matrícula, o que quer dizer que não concluiu o ano letivo. E, assim, como nos anos seguintes de 1766-67 (estes destinados ao estudo de cânones) o nome do brasileiro já nem consta dos livros de matrículas, pode-se afirmar que Domingos Caldas Barbosa jamais chegou a freqüentar regularmente as aulas do curso no qual se inscrevera em 1763 e, portanto, não se formou em Coimbra.[34]

O que se pode depreender, de fato, pela leitura dos versos conhecidos do futuro poeta, tantas vezes auto-referentes e, em alguns casos, até mesmo autobiográficos — como no poema "A doença", de 1777, e na ostensiva petição do "Memorial", incluído na Parte III da coletânea *Almanaque das Musas*, de 1793 —, é que o jovem Caldas Barbosa, após o primeiro ano da Instituta, pouco contato teve com os bancos da universidade e o estudo da sebenta. Conhecido em Coimbra quase certamente pela dupla circunstância do sucesso inicial alcançado entre os colegas por seus

---

versidade de Coimbra, após consulta às "séries documentais de livros de Matrículas da Universidade e livros de Provas de Cursos, para os anos lectivos de 1763 a 1767".

[34] Dados colhidos no *curriculum* acadêmico de Domingos Caldas Barbosa, enviados ao autor em documento de resposta ao pedido de investigação registrado em 17 de setembro de 2002 no Arquivo da Universidade de Coimbra, conforme ofício nº 539/Liv. 60.

dotes de improvisador poético e cantor de modinhas e, logo, pela posição adversa resultante da ausência total de recursos, após a morte do pai no Brasil (talvez já em 1764), o moço brasileiro passa a viver errante, ao sabor dos convites para exibir seu talento poético-musical em casa de gente nobre ou endinheirada do Entre Douro e Minho.

Em seu poema épico-encomiástico-autobiográfico "A doença", o próprio Caldas Barbosa contaria que "Apenas se publica, e se divulga/ A triste morte de meu Pai, se julga/ (E acaso se acertou) que esta orfandade/ Me poria em cruel necessidade/ De depender dos mais, e dependente/ Pouco me estima a orgulhosa gente".[35]

O antigo aluno do Colégio dos Jesuítas da colônia deve ter deixado o Brasil com pouquíssimos recursos, pois o tratamento cortês com que fora recebido em Portugal enquanto conservava "áureas medalhas" logo se transformou, pondo fim à "estimação mal começada ainda" e, como resultado, "Gastou-se dos vestidos a amizade/ Dos falsos com que eu tinha sociedade".[36]

Tal como voltaria ainda a lembrar mais tarde em versos desse mesmo poema "A doença", o que o salvou, então, foram os dotes de improvisador e músico-cantor ("Co'a harmônica doce melodia/ Minha voz, meus discursos ajudava"), que cultivava desde seus tempos de moço da colônia, pois — como afirmava — "Já na silvestre América eu cantava": "Valeu-me o Dom de Phebo, fui ouvido,/ Fez-me estimado, e aplaudido,/ E nas margens do Cavado, e do Lima/ Eu vivi do louvor da minha rima".[37]

---

[35] "A doença", poema oferecido à gratidão por Lereno Selinuntino, da Arcádia de Roma, aliás D. C. B. Canto III. Conforme reproduzido *in Domingos Caldas Barbosa: textos escolhidos*, vol. II, da tese *A musa encomendada: Caldas Barbosa e a poética neoclássica*, apresentada por Adriana de Campos Rennó à Faculdade de Ciências e Letras da Universidade Estadual Paulista Júlio de Mesquita Filho, de Assis, São Paulo, em 2001.

[36] "A doença", *in* vol. II, tese cit., p. 37.

[37] *Idem*, p. 38.

Às margens dos rios Cávado e Lima ficavam as cidades de Barcelos e Viana da Foz do Lima (Viana do Castelo a partir de 1847), e a elas, por sinal, ia ligar-se o destino do estudante frustrado por dois acontecimentos que lhe marcariam a vida: um triste — o recebimento da notícia da morte do pai no Brasil, quando se encontrava em Viana[38] —, outro salvador — a aproximação com os irmãos Vasconcelos e Sousa, que se tornariam seus constantes protetores.[39]

O encontro de Caldas Barbosa com os "dois Vasconcelos" — os irmãos José e Luís de Vasconcelos e Sousa — durante alguma das apresentações do improvisador e tocador de viola em Barcelos deveu-se a uma casualidade explicável pela mobilidade a que, ao tempo, eram obrigados os futuros conde de Pombeiro e conde de Figueiró, em função de seus cargos na magistratura. É que os dois jovens irmãos da ilustre família dos Vasconcelos e Sousa (entroncada nas origens do próprio país, no século XII) exerciam então o cargo de desembargadores da Relação, no Porto, o que os levava a fiscalizar a aplicação da justiça por toda a região do Entre Douro e Minho. E seria essa feliz circunstância das andanças dos dois representantes da Justiça ter permitido encontro normalmente tão improvável o que o próprio poeta punha em destaque, ao lembrar que tudo aconteceu "naquele pouco tempo em que descansa/ A dura lida da astreal balança,/ Que eles junto do Douro então mantinham".[40]

---

[38] "Nas margens do claro Lima/ Eu me vi órfão primeiro".

[39] "Aqueles dois Ilustres Vasconcelos/ Que encontrei na fondígera Barcelos". "A doença", vol. II, tese cit., p. 45.

[40] "A doença", *in* vol. II, tese cit., p. 38. A autora da tese *A musa encomendada: Caldas Barbosa e a poética neoclássica*, cit., comete neste ponto o engano de julgar a palavra astreal sem sentido no verso "a dura lida da astreal balança", por não ter percebido que o poeta se referia à deusa grega Astréa, da Justiça, a cujo serviço andavam os irmãos Vasconcelos em "dura lida".

José Ramos Tinhorão

O fato de os irmãos Vasconcelos e Sousa terem apreciado nesse primeiro encontro o talento poético de Caldas Barbosa não resultou, porém, de imediato, em qualquer compromisso de proteção ao jovem brasileiro, mas apenas certa disposição de simpatia, que o necessitado poeta interpretou pelo melhor: "Quando José nos braços me apertava,/ O grato coração me palpitou,/ E mais se inquietou ao despedir-me,/ Como então já querendo prevenir-me,/ Não devia daqueles separar-me,/ Que haviam proteger-me e amparar-me".[41]

Realmente, apesar da perspectiva aberta pela boa impressão causada a tão importantes personagens, a situação real do desafortunado estudante brasileiro não apenas continuaria muito má, mas seria ainda agravada então por "acaso infeliz", de que o atingido diria no futuro preferir nem lembrar: "Um acaso infeliz, que eu te não conto,/ E de cuja memória inda me afronto". Episódio certamente tão constrangedor para Caldas Barbosa, que o levaria de volta a Lisboa, para sofrer talvez mais agora do que à sua primeira estada, ao chegar do Brasil.

Esse retorno do futuro poeta a Lisboa, depois de suas andanças iniciais de estudante vacante pela região do Minho, deve ter ocorrido pelos fins de 1764 ou ao correr de 1765, o que explicaria desde logo o fato de, apesar de seu nome constar do livro de matrículas para o curso de leis nesses dois anos, em Coimbra, não ter ele apresentado "prova de curso", ou seja, comprovação de freqüência às aulas no período.

Para um estudante pobre vindo da colônia, a volta à capital portuguesa naquele momento histórico era uma decisão de fato incauta — como definiria o próprio poeta —, pois Lisboa, ainda mal refeita do desastre representado pelo terremoto que a destruíra quase inteiramente dez anos antes, era o ambiente menos indicado para quem se dispunha a sobreviver valendo-se apenas de dotes artísticos. As atividades culturais encontravam-se prati-

---

[41] "A doença", canto III, *in* tese cit., vol. II, p. 39.

Domingos Caldas Barbosa

camente paralisadas — a vida literária, o teatro e a produção intelectual, inclusive a popular, divulgada em folhetos de cordel, só ia ressurgir a partir de fins da década de 1770 —, o que transformava a figura dos literatos em seres absolutamente dispensáveis e extravagantes. A conseqüência natural de tal posição na retraída sociedade lisboeta do tempo era a rejeição e a miséria. E foi exatamente isso o que o jovem brasileiro Domingos Caldas Barbosa experimentou, tal como lembraria mais de dez anos depois em seu poema "A doença" ao registrar:

"Entre gente que vês, vivi sem gente:
Cobriu-me de remendos e pobreza,
Manjares me negou, e era a mesa,
Em que eu comi o seco, e duro pão
A minha mesma enfraquecida mão:
Era meu leito, sempre ao sono ingrato,
Dura pedra, e coberta o roto ornato."[42]

Esse viver em Lisboa da mão para a boca — como o próprio poeta confessava, confirmando o provérbio popular — deve ter se estendido por todo o ano de 1765, até impor-se como inarredável a necessidade de voltar a Coimbra, onde para todos os efeitos ainda podia ser considerado aluno da Universidade, por constar seu nome entre os matriculados no curso de leis até aquela data. Sem dinheiro, porém, e sem ter a quem recorrer (o que ele mesmo justificava ao lembrar que "desta miséria os mais fugirão/ E à importuna voz se endureciam"), Domingos Caldas Barbosa concebeu um estratagema original: desistir dos apelos e alegações de desgraça, para uma indiferença por seu estado só compreensível em quem tivesse perdido a razão. E seria ele mesmo a lembrar, nos versos de seu "A doença", esse "forçado fingimento":

---

[42] *Idem, ibidem.*

46   José Ramos Tinhorão

"Consultando o cansado sofrimento,
E usei de um forçado fingimento;
A minha timidez fingi, e creram,
Que de um estranho humor desordens eram,
Mudei o humilde tom de desgraçado;
E como não pedia, era escutado."[43]

A idéia gerada pelo desespero resultou em "indústria feliz", pois ante a estranha atitude do até então humilde pedinte, mesmo aqueles que se aproximavam dele com algum interesse oculto, acabavam por condoer-se da sua infelicidade: "Fácil a sua bolsa franqueava/ Quem valer-se da minha inda esperava".

O resultado do original artifício posto em prática por Caldas Barbosa foi a conquista de quantia suficiente para a viagem de volta a Coimbra ("E esta indústria feliz, eu não o nego,/ Me restitui às margens do Mondego"), onde se reaproxima do meio universitário, agora procurando fazer-se ouvir não só dos "sábios varões", que eram os professores "por meio da ciência laureados", mas pela alegre massa dos estudantes. Como ele mesmo ia registrar em seu autobiográfico "A doença", tão logo chegou a Coimbra ("E tanto cheguei à lusa Atenas"), não apenas seus versos foram no geral bem recebidos ("Ouvem-me a voz laurígeras Camenas", ou, menos barrocamente, as musas coroadas de louros), mas sua graça de improvisador ganhou o entusiasmo da estudantada:

"Foram meus brandos versos escutados:
Carregam-me os alegres estudantes
De amorosos assuntos, e galantes,
Sirvo à sua alegria, e seus prazeres,
Sou escutado de homens e mulheres:
De mil casas a porta se me abria."[44]

---

[43] *Idem, ibidem.*

[44] *Idem*, p. 40.

Domingos Caldas Barbosa

Entre essas portas que então se abriam ao brasileiro Caldas Barbosa, estaria a da casa do militar alemão a serviço de Portugal, conde Von Lippe, diante de quem disparou tal catadupa de versos, que acabou por receber por presente um retrato do oficial, entregue pessoalmente, no auge do entusiasmo:

> "Ali soltando os diques da Aganipe*
> Mostrei larga torrente ao grande Lippe,
> Não me deixa sem prêmio o Conde grato,
> Dá-me por própria mão próprio retrato."[45]

Por essa época de conquista de pequenas glórias, o jovem Caldas Barbosa reservava às vezes para si o gozo de alguns momentos de devaneio poético antecipadores, em plena era do neoclassicismo, de um sentimento romântico mais tarde tornado expresso em tantas de suas modinhas e cantigas. E um exemplo de tal disposição seriam suas visitas à Fonte dos Amores, ao sul de Santa Clara-a-Velha (Quinta das Lágrimas), para lembrar ante aquelas águas nascidas da paixão a história do desgraçado d. Pedro I e da infeliz Inês de Castro, no século XIV: "Às vezes eu baixava do alto monte/ A ver das tristes lágrimas a fonte/ Da consorte infeliz do duro Pedro".[46]

Neste ponto, aliás, chama a atenção um pequeno dado oferecido por Caldas Barbosa nessa descrição de seus dias em Coimbra. É que o futuro autor da *Viola de Lereno* revelava ter gravado no tronco de um cedro existente junto à fonte, por aquela década de 1760, "o nome de Lereno" — "que é nome, que me foi na Arcádia dado": "Cuido que inda conserva erguido Cedro/ O nome de Lereno ali gravado". Ora, como esse nome arcádico de Lereno só aparece ligado a Domingos Caldas Barbosa na assi-

---

* [abrindo as comportas da fonte consagrada às musas]

[45] "A doença", canto III, *in* tese cit., vol. II, pp. 40-1.

[46] *Idem*, p. 40.

natura de composições incluídas no *Almanaque das Musas*, em 1793 (como na "Carta Segunda a Arminda", à p. 8, onde se lê: "Por Lereno Selinuntino da Arcádia de Roma, aliás D. C. B."), pode-se concluir que desde aqueles seus tempos de juventude em Coimbra o poeta já se identificava com a figura literária que tal nome recobria. E, realmente, havia muita coerência na escolha do nome, pois Lereno era como na virada dos séculos XVI-XVII se denominava poeticamente enquanto pastor, em suas églogas, o poeta Francisco Rodrigues Lobo (*c.* 1580-1622). E a coerência estava em que — tal como agradava ao brasileiro Caldas Barbosa fazer no século XVIII em suas cantigas — fora Rodrigues Lobo quem em suas *Églogas*, de 1605, fizera reviver o emprego das redondilhas da velha tradição portuguesa vinda do *Cancioneiro Geral*. Rodrigues Lobo, que, aliás, muitas vezes não só encobria amores impossíveis sob o nome de Lereno, mas — tal como Caldas Barbosa dois séculos e meio depois com sua viola — não hesitava em cantar suas liras ao som de uma sanfoninha.[47]

Realmente, não havia como Domingos Caldas Barbosa deixar de identificar-se com aquele poeta que, mais de duzentos anos antes, parecia divinatoriamente dirigir-se a ele, ao fazer na *Égloga IX* dizer o pastor Auliso ao amigo Lereno: "Bem sabes tu Lereno, que ninguens,/ quando merece muito, muito alcança:/ São descontos iguais, que a sorte tem".[48]

De qualquer forma, como naquele momento quem viria a ser em Lisboa o poeta Lereno ainda era em Coimbra apenas o

---

[47] Conforme José Pedro Tavares no estudo introdutório à edição de 1928 das *Églogas*, de Francisco Rodrigues Lobo, pela Universidade de Coimbra (seguindo a edição *princeps* de 1605), as diversões dos pastores incluíam bailes e desafios musicais, o que permitia a "Lereno, que na música a muitos do vale tinha vantagem", demonstrar suas habilidades sentado junto de uma fonte: "e tirando a sanfoninha cantou esta lira: Já nasce o belo dia/ princípio do verão formoso e brando,/ que com nova alegria/ estão denunciando/ as aves namoradas/ dos floridos raminhos penduradas".

[48] Francisco Rodrigues Lobo, *Églogas*, ed. de 1928, p. 227.

Domingos Caldas Barbosa

frustrado estudante Caldas Barbosa, tudo o que podia ele fazer naquela sua volta à "lusa Atenas" era apegar-se às pequenas conquistas do dia-a-dia: "Nos certames Poéticos temido/ Eu fazia calar-se arrependido/ Aquele, que soberbo se me opunha/ E disto muita gente é testemunha".[49]

O curioso é que, embora reconhecesse que o seu sucesso junto ao público se devia a seus dotes de improvisador (o que justifica o "temido"), o futuro poeta arcádico demonstrava àquele tempo clara consciência de superioridade de sua poética espontânea sobre a rigidez das formas consagradas do momento. Tal como afirmava, a lembrar esses tempos de Coimbra em seu poema "A doença", "Não ia como muitos preocupado/ Com um métrico enfeite decorado/ De palavras pomposas [...] Que deixavam como absortos os ouvintes,/ Sem saber o que ouviram". Antes, e bem ao contrário dos que já levavam versos assim previamente ajustados às cabeças dos ouvintes, preferia confiar na inspiração do momento: "Eram os versos meus ali formados,/ E aos motes propriamente acomodados". E era em tal espontaneidade que residia seu sucesso ante os auditórios, como ele mesmo concluía: "Assim me ouviu Coimbra, e tem ouvido/ As terras, por que eu tenho discorrido".[50]

Pois ainda assim, tal como o jovem Caldas Barbosa logo perceberia, além de o sucesso não render bens materiais (e dava como exemplo os casos dos poetas clássicos Camões, Diogo Bernardes e Antonio Ferreira, que todos "Viram secar-se o ouro na algibeira"), o tentar viver do talento poético tornava-se mais problemático ainda em Coimbra, onde o público — formado em sua maioria por estudantes vindos dos mais diferentes pontos do país — desaparecia pela dispersão repentina ao chegar o período de férias da Universidade. E o resultado dessa realidade local era ficar o poeta à míngua, como bem descrevia:

---

[49] "A doença", canto III, *in* tese cit., vol. II, p. 41.

[50] *Idem, ibidem.*

"Enfim fecham-se as portas bronzeadas
Da Casa das ciências, e fechadas
Bem pode a estudiosa mocidade
Ir ter aqui, e ali onde lhe agrade
Uns meses de preciso e útil descanso.
Em vão a um, e outro a vista eu lanço;
Não me convidam já, e os que convidam
De que eu aceite a oferta se intimidam:
Assim à gente vã sempre acontece,
O que não gosta dar vaidoso oferece."[51]

Tal como acontecera durante sua primeira estada em Coimbra, antes do não esclarecido "acaso infeliz" tê-lo levado a Lisboa, Domingos Caldas Barbosa volta então à condição constrangedora de papa-jantares errante, sujeito a sorte incerta ("Vago por várias Casas, e já via/ A mísera algibeira estar vazia:/ Não falta a Providência: eu visto, eu como,/ E nem eu mesmo sei dizer o como"), mas de qualquer forma sempre humilhante pela posição de quase pedinte: "De casa em casa incerto sempre errante,/ Consultando dos donos o semblante/ Por ver quando os aflijo, ou lhes dou gosto/ A uma nova miséria estava exposto".[52]

Pois é quando assim novamente entregue à miséria — "Pelos campos, que lava o bom Mondego,/ Sem certo asilo ter, sem ter sossego/ Errava vagabundo" —, que o frustrado estudante brasileiro de Coimbra retoma contato com "Aqueles dois Ilustres Vasconcelos,/ Que encontrei na frondígera Barcelos". Segundo revela em seus versos de "A doença", é então que "José, o bom José, que as Musas ama,/ E é das Musas amado, a si me chama". Esse "bom José" — José Luiz de Vasconcelos e Sousa — então pelos seus 25 anos, tal como Caldas Barbosa, e ainda sem casa sua, por não ser casado, não assume diretamente a proteção

---

[51] *Idem*, p. 42.

[52] *Idem, ibidem.*

do poeta, mas entrega-o aos cuidados dos irmãos Antonio e Luís de Vasconcelos e Sousa: o primeiro, conde da Calheta, o segundo, conde de Figueiró e futuro marquês de Castelo Melhor. E é na companhia de tais protetores que, finalmente a salvo da pobreza, Domingos Caldas Barbosa vai voltar a Lisboa pela virada das décadas de 1760-1770, para iniciar sua carreira de poeta e autor de cantigas, modinhas e lundus.

5.
O PROTEGIDO DE NOBRES
DIVERTE "EXCELSAS CASAS"

Domingos Caldas Barbosa voltava a Lisboa depois de suas duas experiências frustrantes na década de 1760, em pleno apogeu do movimento de renovação econômico-social decorrente da política autoritário-renovadora instaurada em 1750 pelo ministro Sebastião José Carvalho e Melo, ativa figura de provinciano viajado, que o sossegado rei d. José ia enobrecer em 1770 com o título de marquês de Pombal.

A cidade, cuja área do velho centro da Baixa o terremoto de 1750 derruíra, expandia-se através do aforamento de terrenos da periferia, que os novos titulares entregavam a "companhias edificadoras" para a construção de "moradinhas de casas". Em São Bento, por exemplo, à construção tumultuada, em seguida ao desastre, de "barracas de toda a sorte (de tábuas, de panos velhos e de olmo), de telheiros e de outros abrigos, onde se acoitaram durante muito tempo, os espavoridos moradores dos bairros destruídos",[53] seguiu-se a onda dos "arruamentos e lojas de todo o comércio", levando o bairro a alcançar quinhentos fogos por volta de 1770. Pois ia ser o tipo de gente que enxameava os muitos pátios existentes em toda extensão dessa rua, e freqüentava suas baiúcas logo chamadas de cafés de lepes — onde imperava a viola —, que estava destinada a formar a nova camada urbana sobre a qual repercutiria em pouco tempo a novidade das modinhas e lundus que o mulato brasileiro Caldas Barbosa lançava nos salões, e o teatro popular dos entremeses se encarregava de espalhar para toda a cidade.

---

[53] Matos Sequeira, *Depois do terramoto*, 1967, vol. II, p. 63.

Do ponto de vista do recém-chegado candidato à protegida vida da elite lisboeta, por certo, esse não era o tipo de gente que almejava para seu público, mas o das "excelsas casas", cujas portas agora se abriam para ele por influência de seu generoso protetor, como o próprio poeta reconhecia agradecido:

"Por esta mão piedosa socorrido
Sou ao Tejo outra vez restituído;
Por ele a minha musa ergueu as asas,
E foi ouvida nas excelsas casas."[54]

De fato, enquanto não chegava o tempo de assumir, pessoalmente, a proteção do desamparado poeta brasileiro em sua casa, José de Vasconcelos e Sousa entrega-o inicialmente em Lisboa aos cuidados do irmão mais velho, Antonio de Vasconcelos e Sousa, conde da Calheta. O que, aliás, o comovido poeta é o primeiro a anunciar:

"Por ele é que a alegria me aparece,
E que a miséria enfim desapareça
Dos olhos meus; e em vez da fome escura,
Eu veja da Abundância a formosura.

E por livrar-me mais desta inimiga
Do caro Irmão à sombra ele me abriga,
E entre os favores seus, e os do bom Conde
As garras da desgraça ele me esconde."[55]

Graças ao prestígio dos irmãos Vasconcelos e Sousa entre as famílias da nobreza, Caldas Barbosa começa a ser recebido, então, até mesmo por muitos que lhe haviam fechado as portas

---

[54] "A doença", canto III, *in* tese cit., vol. II, p. 44.

[55] *Idem*, p. 47.

em Lisboa, quando os procurara na pobreza ("Já com a falsa máscara de amigo,/ Quem não o fora, quando o vil mendigo,/ Lhe fazia visitas dilatadas/ Via as portas abertas, que fechadas/ Tinha achado co'a mísera pobreza"), o que levava à ironia do oferecimento, agora, de "lauta mesa" a quem não mais necessitava: "A que não precisava lauta mesa/ Ansioso um, e outro lhe oferecia".[56]

Com o sustento finalmente assegurado por aqueles inícios dos anos de 1770, "o Caldas sossegado prosseguia/ Co'o favor de Terpsícore e Thalia/ A cobrir mil papéis de escritos versos/ Que em várias casas, várias mãos dispersas", o que prenunciava seu caminho para a fama, como poeta, uma vez que tais versos, produzidos em quantidade, "o seu nome espalhando pela Corte/ Mais conhecido os fazem desta sorte".[57]

Uma prova de que o nome de Domingos Caldas Barbosa como poeta-improvisador e animador de salas espalhava-se realmente pela corte é que alguns representantes do fechado meio dos grandes da nobreza freqüentadores do Paço, naturalmente impressionados com o talento do brasileiro, resolveram promover uma apresentação de suas habilidades perante o próprio rei. Os responsáveis pelo evento foram além de d. Rodrigo de Menezes, nada menos do que d. José de Noronha, o marquês de Angeja (destinado mais tarde a representar a alta nobreza no ministério da chamada viradeira, após a queda do marquês de Pombal), conforme seria o próprio poeta a lembrar em seu poema "A doença", ao referir-se à esperança de ajuda real que antevira no agrado com que d. José I o ouvira naquela ocasião:

"No meio dos Noronhas e Menezes,
E outros muitos Ilustres Portugueses
Até aos pés do Rei fora levado;
Piedoso o tinha ouvido, e tinha honrado;

---

[56] *Idem*, p. 15.

[57] *Idem*, p. 25.

Domingos Caldas Barbosa

E o repentino influxo de uma Musa,
Quem socorrer-lhe o estro não se escusa,
Lhe tinha felizmente granjeado
Geral estimação, geral agrado."[58]

Essa apresentação de Caldas Barbosa perante o rei de Portugal terá ocorrido certamente antes de 1775 (ano em que d. José sofreria o derrame que o afastou do trono), pois ao lamentar, nos versos do "Memorial" inserto na Parte III do *Almanaque das Musas* de 1793, ter perdido com a morte do soberano, em 1777, a oportunidade da sua proteção, assim comentava sua má sorte:

"Quem diria, quem diria
Quando o Grande Rei me Honrou,
E da fácil Poesia
Agradar-se assim mostrou:
E a Real proteção pia
Franquear-se começou
Que tão pouco viveria."[59]

É muito provável, mesmo, ter ocorrido esse primeiro encontro do "trovador" com o soberano pelo menos um ou dois anos antes do insulto sofrido por d. José, pois em uma das composições inseridas por Caldas Barbosa no *Almanaque das Musas* remete a lembranças suas de um rei vivo e ágil, em andanças por terras da Estremadura: a "Lebreida ou caçada real das lebres", que sob as iniciais de D. C. B. mostrava o soberano no exercício do seu esporte preferido.

---

[58] *Idem, ibidem.*

[59] "Memorial", sob assinatura Lereno Silu., pp. 89 a 94 da parte III do *Almanaque das Musas, nova coleção de poesias oferecidas ao Gênio Português*, Lisboa, na Of. de João Antonio da Silva, Impressor de Sua Majestade, ano MDCCXCIII [1793].

A certeza de que tal encontro do fazedor de versos brasileiro com d. José I realmente ocorreu por aqueles primeiros anos da década de 1770 é que, do entusiasmo ante a boa impressão causada, Caldas Barbosa não resistiu em compor um soneto dedicado "A El Rey N. Senhor", até hoje guardado inédito, no original, na Biblioteca da Ajuda. Nesses "versos", como modestamente classifica seu soneto, Caldas Barbosa permite saber que o rei o recebeu no Pinheiro, ou seja, na oportunidade de alguma daquelas incursões recreativas pela região do alto Tejo, e — o que constituía o mais alto elogio — chamara-o de poeta, quando se apresentava humildemente como simples trovador:

"Poeta vulgarmente é um farroupilha
Osga do ofício: antípoda do agrado
Duns iludido d'outros procurado
A capa do vestir da sopa a pilha.

Deixa de ser figura peralvilha
Que vos tem por Neunas sublimado
Que no vosso favor sempre elevado
O nome o engrandece, e não o humilha:

Eu era Trovador, mas na verdade
Outro me sinto já tendo o primeiro
Indício de total felicidade:

Pois que mais buscara o Brasileiro
Que por boca de Vossa Majestade
Ser chamado o Poeta no Pinheiro.

O Poeta
Domingos Caldas Barbosa."[60]

---

[60] Manuscrito da Biblioteca da Ajuda, Ref. Car 946, Cota 54-X-12 (47). O quarto verso da primeira quadra ganha sentido ao lembrar-se que andar à pilha (do verbo pilhar) é procurar obter, por qualquer meio, o que

Seria por certo essa aproximação pessoal com o rei — aliás desgraçadamente para o poeta interrompida a partir de 1775 com o derrame sofrido por d. José, e logo, de forma definitiva, por sua morte em 1777 — o que desde logo explicaria o fato de Domingos Caldas Barbosa aparecer já em 1775 como o responsável pelos textos de apresentação e organização da transcriação dos discursos, recitativos e poesias que comporiam a *Narração dos applausos com que O Juiz do Povo e Casa dos Vinte-Quatro festeja a felicissima Inauguração da Estatua Equestre onde tambem se expõem as allegorias dos Carros, Figuras, e tudo o mais concernente às ditas Festas*, editada em Lisboa em volume de 123 páginas pela Regia Officina Typografica naquele mesmo ano de 1755.

Aliás, a prova de que, depois de tantos alegados infortúnios pessoais, Domingos Caldas Barbosa alcançava uma posição de relevo entre os literatos (por assim dizer "oficiais") da era pombalina é que naquele mesmo ano conseguiria ver-se impresso pela primeira vez individualmente como autor, com a publicação do folheto *Collecção de Poesias feitas na feliz inauguração da Estatua Equestre de Elrey Nosso Senhor Dom José I em 6 de junho de 1775, por Domingos Caldas Barbosa*. O que lhe permitia, aliás, acrescentar às suas cinco odes e seis sonetos já publicados na coletânea *Narração dos aplausos*, um novo soneto de sua autoria iniciado com o verso "Ja de huma e outra parte a estranha gente".[61]

A estréia de Caldas Barbosa como autor de obra de conteúdo sem ligação direta com os nomes de seus protetores, porém,

---

se deseja ou necessita. Embora a leitura do original autógrafo indique a palavra Neunas, Caldas Barbosa terá querido escrever Nênias, termo que às vezes excede seu sentido latino de canto fúnebre, para estender-se ao de canção plangente ou de versos em memória de alguém, como nos epicédios.

[61] Rubens Borba de Moraes, ao dar notícia em sua *Bibliografia brasileira do período colonial* desta coleção de poesias de Domingos Caldas Barbosa, "impressa em folheto sem imprenta", acrescenta: "Esta coleção è raríssima. Há um exemplar na Biblioteca Nacional do Rio de Janeiro".

só acontece um ano depois, em 1776, com a publicação de um trabalho pensado — ao que tudo indica com interesse pessoal oculto — para servir paradidaticamente ao ensino religioso: a *Recopilação dos principais sucessos da História Sagrada em verso por Domingos Caldas Barbosa*. Um pormenor da edição, no entanto, demonstrava desde logo a velada proteção oficial ao novo autor: o folheto de 36 páginas, devidamente liberado, "Com licença da Real Meza Censoria", era impresso na Regia Officina Typografica de Lisboa, cuja vinculação com o poder real aparecia indicado no próprio nome.[62]

A pretensão oculta do até então desprotegido rimador brasileiro, nesse súbito interesse pela divulgação da história sagrada, bem poderia estar no propósito — que, aliás, depois revelaria — de obter algum posto na área administrativa da Igreja, o que era permitido a quem obtinha o estado de clérigo secular, ou seja, quem ingressasse na vida religiosa por intermédio apenas da tonsura, sem receber as ordens sacras regulares.

Esse objetivo de Caldas Barbosa ia aparecer claramente em 1777 quando seu protetor, d. Antonio de Vasconcelos, casa-se com uma moça de alta nobreza (acontecimento desde logo comemorado no epitalâmio *Nas felicissimas nupcias do Ilustrissimo e Excellentissimo Senhor Antonio de Vasconcellos e Sousa, Conde da Calheta, com a Excellentissima D. Mariana de Assis Mascarenhas,*

---

[62] A *Recopilação dos principais sucessos da História Sagrada em verso* (que revelava a intenção didática do autor na dedicatória do prefácio em versos — "À mocidade portuguesa") teve edição anônima pela Oficina de Pedro Ribeiro França, no Porto, em 1792, e ainda em Lisboa uma "Segunda Impressão Aumentada, correta e adicionada com um index alfabético", em 1793, na Oficina de Antonio Rodrigues Galhardo. Reedição que teria resultado, aliás, em mau negócio, pois, segundo anota Inocêncio em seu *Dicionário bibliográfico português*: "Esta edição, posto que consideravelmente melhorada, teve poucos compradores, e a maior parte dos exemplares conserva-se ainda meados do [séc. XIX] intacta, a ser certo o que afirmaram, na casa dos marqueses de Castelo Melhor".

Domingos Caldas Barbosa

editado pela Regia Officina Typografica no mesmo ano), o que lhe abria oportunidade de voltar e reivindicar o favor real: d. Mariana era íntima do círculo da nova rainha, d. Maria I, sucessora de d. José.

É de fato isso que, com interesseira humildade, Domingos Caldas Barbosa faz em um "Memorial" em que, chamando d. Mariana de "formosa Armania", expõe com toda a clareza seu desejo de conseguir o "estado sacerdotal" capaz de permitir-lhe algum benefício na área da Igreja: "Sempre eu quiz,/ Tu tens lembrança,/ O Estado Sacerdotal/ E esperei com confiança/ Sempre no favor real".

Na visão do candidato à sinecura religiosa, aquele era o momento exato, e d. Mariana, próxima da rainha, a pessoa mais indicada para obter-lhe o favor: "Já que chega a ventura,/ Formosa Armania, tão perto,/ A quem de sublime altura/ Nos rege com tanto acerto". A única dificuldade que via era a material, pois a conquista do clericato secular constituía de certa forma a compra de um título, uma vez que envolvia a disposição de "bem patrimonial", como o próprio candidato revelava: "Este estado não se alcança/ Sem bem patrimonial". E era aí que precisava de ajuda, pois — tal como lembrava — era apenas o pobre filho de um português levado pelo "desabono" dos ventos ao Brasil cumprir o destino inglório de apenas morrer honrado: "Filho de honrado Colono,/ Q'em soberba, e curva quilha/ Dos ventos ao desabono/ Foi ao Novo Mundo, e Ilha/ Sofrer o perpétuo sono".

O segundo problema que Caldas Barbosa via no possível bom despacho de sua pretensão era o da cor da pele, mas, quanto a essa parte, inteligentemente ponderava que tal não pesaria na decisão da rainha, uma vez que não fora motivo para o pai, d. José, dispensar-lhe proteção. Assim, após dizer que resistia invocar como fundamento de seu pedido apenas "O triste nascimento", Caldas Barbosa acrescentava que, quanto à circunstância da cor, havia afinal de sobrepor-se a consideração do talento, que a todos fazia iguais: "mas sei que o merecimento/ He base das petições,/ E tenho conhecimento,/ Que não houve dois Adoens;/ Louvo o Grande Rei, que attento/ Da cor ás vãas distinçõens/ Deu a minha cabimento".[63]

A cor da pele, de fato, não impediria o poeta de receber pela mesma época da redação do seu "Memorial" o título de sócio da Arcádia de Roma, por meio de alguma injunção ou patrocínio até hoje não explicado. Na mais antiga notícia sobre a vida e obra de Caldas Barbosa, de 1851, o historiador Varnhagen lembrava apenas que "as suas poesias lhe mereceram entrada na Arcádia de Roma com o nome de Lereno Selinuntino"; e se em 1862 Joaquim Norberto de Sousa e Silva, na *Revista Popular*, e em 1863 o cônego Januário da Cunha Barbosa, na *Revista do Instituto Histórico*, nada diziam a respeito, em 1876 o romancista-cronista Joaquim Manuel de Macedo viria a acrescentar um ponto à afirmação de Varnhagen, ao escrever que "em uma digressão à Itália foi ele [Caldas Barbosa] recebido na Arcádia de Roma (ainda antes de 1777) e tomou o nome de Lereno".[64]

Essa informação de Manuel de Macedo, embora correta ao dar o fato como ocorrido "ainda antes de 1777", levanta uma dúvida histórica que os dados até hoje conhecidos em torno da vida do poeta não permitem esclarecer: de tudo o que se sabe sobre Caldas Barbosa após sua partida do Brasil, nada indica, ou leva a crer, que tivesse jamais saído de Portugal. Porém, se isso é assim, como explicar que, na capa do folheto *A Doença. Poema Oferecido à Gratidão*, já apareça em 1777 a orgulhosa declaração do autor: "Por Lereno Selinuntino, da Arcádia de Roma, aliás D. C. B."?

Embora essa minúcia nunca tenha despertado a curiosidade de qualquer dos autores que já escreveram sobre Domingos Caldas Barbosa, vale a pena levantar — ao menos como hipótese —

---

[63] Todas as citações são do poema "A doença", conforme reproduzido por Adriana de Campos Rennó no vol. II, *Domingos Caldas Barbosa: textos recolhidos*, de sua tese de doutorado *A musa encomendada: Caldas Barbosa e a poética neoclássica*, cit.

[64] Joaquim Manuel de Macedo, "Domingos Caldas Barbosa", *in Ano Biográfico Brasileiro*, 1876, 3º volume, p. 379.

uma tentativa de explicação a partir da história da própria Arcádia de Roma. Criada em 1699 à imitação do jardim da academia grega, em um bosque romano onde os poetas passavam a encontrar-se para tertúlias poéticas ao ar livre, a instituição chegava ao século XVIII em crise. Ameaçada de desaparecer (mudara de Roma para uma pequena cidade), a Arcádia de Roma ia receber em 1725 uma ajuda salvadora: o pródigo rei d. João V de Portugal resolvera garantir os custos não apenas com a volta da instituição a Roma, mas sua instalação no prédio do Serbatoio erguido sobre o antigo Monte Áureo — o Mons Aureus romano — da aprazível localidade de Gianicolo, à margem direita do rio Tevere. Era mais uma demonstração de munificência do "rei brasileiro" que, apenas em 1720, recebera de suas minas gerais americanas 25 toneladas de ouro: o mesmo rei d. João V que gastava em Roma — não apenas com essa iniciativa de ajuda à Arcádia, mas com a criação de uma academia destinada aos bolseiros portugueses na Itália, e com interesseiros agrados ao papa — um total estimado pelo historiador Oliveira Martins em 200 milhões de cruzados.[65]

Ora, como parece natural, a tal intervenção de patrocínio do rei de Portugal deveria corresponder, por parte da Arcádia de Roma, a compensação de alguma honraria, entre as quais estaria o privilégio especial da admissão, a seus quadros, de poetas do país benfeitor, por indicação real. A única formalidade seria, naturalmente, a necessidade da adoção pelo poeta de um nome de pastor arcádico — como exigia a praxe da Arcádia de Roma —, o que explica a escolha do nome Lereno (já usado por Rodrigues Lobo em suas novelas bucólicas) pelo já agora protegido do sucessor de d. João V, poeta Domingos Caldas Barbosa.[66]

---

[65] Em sua *História de Portugal* (1987), Oliveira Martins, após afirmar que o "rei brasileiro"// "não regateava o preço das coisas", escreve à p. 336: "Mais de duzentos milhões de cruzados foram para Roma".

[66] O nome Lereno, criado na virada dos séculos XVI-XVII por Ro-

Como quer que fosse, pois, o poeta brasileiro preparava-se para viver — agora revestido da atração do título de membro da Arcádia de Roma — o seu melhor momento por aqueles inícios do novo reinado de d. Maria I, quando um acontecimento imprevisto iria adiar por alguns anos a conquista do solicitado benefício eclesiástico que o livraria da dependência exclusiva da proteção particular: às vésperas do inverno, Domingos Caldas Barbosa adoece vítima de um tumor que o entrega ainda mais à benemerência dos Vasconcelos e Sousa.

Segundo conta o próprio poeta nos versos do poema "A doença", tudo acontecera de repente por fins do outono: gelam-se suas "mãos e pés" e, logo, "fria horripilação o tem convulso", a ponto de em certo momento, como afirma, "O Caldas nem bater já sente o pulso". Com o aparecimento de febre alta, lassidão do corpo e inapetência total, os médicos usam o tratamento mais comum da época: a sangria. De saída, há uma ilusão de melhora, mas logo se comprova que a realidade era outra: "Maligno tumor na esquerda espádua junto" começa a crescer, até chegar ao ponto em que "já não se encobre com o vestido".

Pelo que dá a entender Caldas Barbosa em sua empolada descrição em "A doença", novos médicos providenciados pelos irmãos Vasconcelos e Sousa tentam inicialmente uma cauterização do tumor ("Viu-se o cáustico ardente então crestando/ A empolada pele, e ir baixando/ O turgido tumor, e liquidar-se,/ E o

---

drigues Lobo para representá-lo como pastor poético, tem difícil explicação. Como Rodrigues Lobo era de Leiria, o normal é que como pastor fosse Leirieno, Leireno ou Leiriense. Se, porém, o nome Lereno remetesse para a pequena ilha do arquipélago situado ao sul da baía de Cannes denominada de Lerina pelos romanos do século III, por ser habitada por solitários pastores (o que atraiu os monges da ordem dos beneditinos, que ali construíram em inícios do século V o mosteiro onde viveu Santo Honorato), o nome do poeta pastor devia ser Lerino. O certo é que, mesmo sem saber por que Rodrigues Lobo era Lereno, não há como duvidar que Caldas Barbosa se tornou Lereno por inspiração de Rodrigues Lobo.

Domingos Caldas Barbosa

desejado efeito começar-se"). O novo tratamento, porém, também se revela inútil: "Já não tem o Tumor quem o rebata,/ Mais pela frouxa espádua se dilata/ Na adiposa membrana fez estrago".

Tal como o próprio poeta faz questão de ressaltar em seu "poema oferecido à gratidão", seus protetores em todo o caso não lhe faltam nessa hora: "Nem se poupa o trabalho, nem despesa;/ Aberta sempre as bolsas, e a gaveta,/ Querem comprar a vida ao seu Poeta". E é afinal um médico menos famoso, de nome Martins (que por sinal torna-se grande amigo do poeta), que vai resolver o problema através da cirurgia: "Nada então o demora, em breve espaço/ Cortante bisturi na pele entranha,/ Que separa o corpo e a massa estranha".

A operação para a retirada do tumor, no entanto, provoca uma forte hemorragia que deixa Caldas Barbosa à beira da morte ("Figura-se ao doente a mão mirrada/ Da morte, e a dura foise ver alçada/ A alma, que vã do corpo a separar-se,/ Fez da passada vida então lembrar-se"), mas, afinal, o médico consegue estancar o sangue, e pode declarar triunfante ao incrédulo protetor do doente: "Não, não temas Senhor, não há perigo,/ É salva a vida do estimado amigo".[67]

Segundo conta o próprio Caldas Barbosa, a recuperação da saúde não tarda, e "Entra a alegria a habitar o peito/ Donde os sustos e dores a expulsaram", levando-o novamente a cantar: "Voz sonora outra vez sai da garganta,/ E ao som da doce Lira o Caldas canta/ Nome dos Protetores, e do amigo [Martins]/ Que o socorreram no meio do perigo".

Deve ter sido a partir dessa volta à vida, após os riscos de uma cirurgia tão complicada, considerando o estágio de evolução da medicina por aqueles fins do Setecentos, que o protegido

---

[67] Todos os versos citados são da narração final — Canto IV — do poema "A doença", transcrito das pp. 48 a 59 no volume II — *Textos recolhidos* — da citada tese de Adriana de Campos Rennó *A musa encomendada: Caldas Barbosa e a poética neoclássica*.

dos irmãos Vasconcelos e Sousa pôde iniciar realmente sua trajetória de conquista de um lugar entre a nova geração de poetas, que incluía nomes como os de Bocage (1765-1805), Agostinho de Macedo (1761-1831), Curvo de Semedo (1766-1838), João Vicente Pimentel Maldonado (1773-1838), além de outros mais velhos em idade, mas — tal como o próprio Caldas Barbosa — novos enquanto anunciadores do futuro romantismo, como José Anastácio da Cunha (1744-1787) e a marquesa de Alorna, d. Leonor de Almeida (1730-1839).

Como a conquista de posições na vida literária implicava, porém, na área da poesia por assim dizer oficial, praticada nos salões (porque começavam a surgir também paralelamente, agora, os poetas de cafés e botequins), competente conquista também de uma posição social, Domingos Caldas Barbosa precisou voltar à carga em sua pretensão de ingresso no "estado sacerdotal". Isso lhe deve ter sido facilitado certamente a partir de 1783, quando seu protetor José de Vasconcelos e Sousa, casando-se com d. Maria Rita de Castelo Branco Correia e Cunha, herdeira do quinto conde de Pombeiro, a 29 de novembro daquele ano, não apenas recebe esse título de conde de Pombeiro, mas pode, afinal, abrigar agora em sua casa o poeta há anos entregue a cargo de seu irmão Antonio, conde de Calheta.

Para o atendimento da pretensão de Domingos Caldas Barbosa de um cargo na esfera segura e tranqüila da burocracia da Igreja — já manifestada anteriormente nos versos do seu "Memorial" a d. Mariana de Assis Mascarenhas —, a escolha da noiva por d. José de Vasconcelos e Sousa não podia ter sido mais providencial. É que entre os títulos da ilustre d. Maria Rita de Castelo Branco constava o que equivalia, naquele momento, a permitir o maior grau de proximidade com o poder em Portugal: o de dama de honor da rainha d. Maria I.

Terá bastado, pois, a Caldas Barbosa, auxiliado pelo prestígio familiar do conde de Pombeiro, cumprir as exigências mínimas para a obtenção da tonsura e conseqüente admissão ao desejado "estado sacerdotal" (no grau mais simples de clérigo secular), para que d. Maria Rita obtivesse a mercê tão esperada pelo poeta. E foi o que realmente aconteceu em 11 de julho de 1787, quando, por alvará assinado naquela data, d. Maria I, atendendo a pedido do presbítero secular Domingos Caldas Barbosa, houve por bem "lhe fazer mercê de hum Benefício Simples que se acha vago na Igreja Parochial de S. Pedro da Vila de Terena no Arcebispado de Évora que ha insolidum do Padroado Real".[68]

O beneficiado — como a partir de então passava a ser chamado o poeta Domingos Caldas Barbosa — recebia como obrigação apenas "apresentar-se perante o ordinário do dito Arcebispado no termo de dois mezes seguintes à data do Avizo do secretario do Patriarca Eleyto, de quinze de Junho do prezente anno para ser Instituydo", o que lhe permitia receber carta de posse com traslado do Alvará, e sem pagar "novos direitos por ser Igreja". Cumpridos tais trâmites burocráticos, Caldas Barbosa recebe finalmente a carta passada pela chancelaria real, "com selo pendente", que lhe garantia o sonhado benefício, no dia 26 de janeiro de 1788.

Duplamente amparado assim pela nobre proteção da família dos Vasconcelos e Sousa e pelo prestigioso benefício da Igreja, o sofrido mulato brasileiro candidato à glória literária e ao brilho pessoal no círculo fechado dos salões da alta nobreza de Portugal estava pronto, afinal, para trilhar o caminho que o levaria à posição de poeta criador, em Lisboa, da Academia de Belas Letras ou Nova Arcádia, em 1790, e de lançador dos gêneros musicais populares da modinha e do lundu de sua terra, cantados com acompanhamento de viola.

---

[68] Texto do alvará da rainha d. Maria I, de 11 de julho de 1787, transcrito pelo musicólogo e professor Manuel Morais, da Universidade de Évora, em seu trabalho "Domingos Caldas Barbosa (fl. 1755-1800): compositor e tangedor de viola?", do qual gentilmente ofereceu cópia de que ora se serve o autor para as citações.

6.

O "DOCE CANTO" DO PASTOR LERENO·

Após a dura experiência contada no poema "A doença", Domingos Caldas Barbosa podia, enfim — "nos olhos seus secado o pranto" —, soltar novamente pelo correr dos anos de 1780 "o doce canto,/ A que todos pastores se chegavam,/ e as fáceis cantilenas decoravam,/ Que ele tinha composto, e repetido".[69] Essas "fáceis cantilenas" que compunha eram, como o próprio poeta revela, as cantigas em quadras com que alternava os improvisos na glosa de temas dados na hora pela gente das "honestas companhias" freqüentadoras das "assembléias grandes e pomposas".

Terá sido, pois, este o período responsável na memória dos pósteros pela imagem de um Domingos Caldas Barbosa animador de reuniões sociais, e entre os quais se contaria o seu primeiro biógrafo, historiador Adolfo de Varnhagen, ao escrever que "sua presença se tornou quase uma necessidade de todas as festas, sobretudo nas partidas do campo". Para logo acrescentar: "Nas aristocráticas reuniões das Caldas, nos cansados banhos de mar, nos pitorescos passeios a Sintra, em Belém, em Queluz, em Benfica, sociedade onde não achava o fulo Caldas com sua viola não se julgava completa".[70]

---

[69] "A doença", canto I, *in* tese cit., vol. II, p. 15.

[70] "Domingos Caldas Barbosa", sob assinatura de F. A. de Varnhagen, na série "Biografias de brasileiros distintos ou de indivíduos ilustres, que bem serviram o Brasil, etc.", *in Revista do Instituto Histórico e Geográfico Brasileiro*, tomo 14, 1851, p. 453.

Domingos Caldas Barbosa

Embora hoje ao menos um estudioso, o músico, musicólogo e professor Manuel Morais, negue Domingos Caldas Barbosa como autor das músicas cantadas com seus versos (das nove modinhas e um lundu do poeta, conhecidos em notação de punho ou impressa, nenhuma leva o nome do brasileiro, mas de músicos portugueses do final do século XVIII), vários testemunhos do tempo contestam a hipótese. E, até pelo contrário, deixam bastante claro que o mulato brasileiro protegido dos Vasconcelos e Sousa interpretava — acompanhando-se a uma viola de arame popular —[71] 65 cantigas, modinhas e lundus de sua autoria.

---

[71] Em artigo intitulado "Domingos Caldas Barbosa (fls. 1775-1800): compositor ou tangedor de viola?", o professor Manuel Morais faz objeção à afirmação dos biógrafos de que o brasileiro tocava "viola de cordas de arame" e pergunta: "Não estarão estes musicólogos (?) a confundir a viola portuguesa do século XVIII com o instrumento homônimo tocado no Brasil, designada por viola caipira, que não é mais que um tipo popular de cordofone de mão setecentista?". A objeção não cabe exatamente porque não existe a confusão alegada: o que se designa de viola de arame é, realmente, o tal "tipo popular de cordofone" do século XVIII que, levado pelos portugueses para o Brasil, acabaria na região Centro-Sul do país recebendo o nome de viola caipira. Viola que, por seu rudimentarismo em relação à "viola de cinco ordens montada com tripa de carneiro", explicaria desde logo o fato de o poeta Bocage, em sátira contra Caldas Barbosa, ter chamado depreciativamente sua viola de banza (instrumento de quatro cordas, de caixa arredondada usada pelos negros em Portugal desde o século XVI, e cujo nome ironicamente passaria, em meados do século XX, a denominar carinhosamente a guitarra dos fadistas). Em seu posterior estudo *Muzica escolhida da Viola de Lereno (1799)*, de 2003, em que contribui com importante análise musicológica das modinhas compostas sobre versos de Caldas Barbosa recolhidas sob aquele título em coletâneas do século XVIII, o professor Manuel Morais volta a sua tese de que o poeta brasileiro não teria sido compositor ("quanto a ter sido Caldas Barbosa compositor de modinhas e lunduns, como afirmam alguns estudiosos nossos contemporâneos, não encontramos fundamento histórico a favor, nem na documentação do seu tempo, nem nas canções musicadas sobre seus poemas", *op. cit.*, p. 70).

De fato, sobre Bocage classificar em sua sátira "Pena de Talião" de "fusco trovador" o confrade Caldas Barbosa[72] (a quem, aliás, em soneto igualmente irônico, admitia ter Apolo concedido "o dom das trovas"), outro poeta contemporâneo, Filinto Elysio, ia anotar (referindo-se à banalidade dos "termos que vogam") que "Co'eles verseja o Matos, canta o Caldas".[73] E isso para logo adiante ratificar a informação, ao classificar de anões os "versinhos" em redondilha daquele a quem considerava não poeta, mas "cantarino Caldas":

"Os versinhos anãos e anãs Nerinas
Do cantarino Caldas, a quem parvos
Põem alcunha de Anacreonte luso,
E a quem melhor de Anacreonte fulo
Cabe o nome: pois tanto o fulo Caldas
Imita Anacreonte em versos, quanto
Negro peru, na alvura, ao branco cisne."[74]

A confirmação de que Domingos Caldas Barbosa cantava composições suas nas "assembléias" para as quais era convidado seria fornecida por um erudito contemporâneo do poeta, o estudioso de cultura hebraica e pesquisador da história da imprensa em Portugal dr. Antonio Ribeiro dos Santos. Cinco anos mais novo que o mulato Caldas, Ribeiro dos Santos podia falar sobre o brasileiro com conhecimento de causa, pois vivera parte da infância e juventude no Rio de Janeiro, onde freqüentara as aulas de humanidades do Seminário de N. S. da Lapa dos 11 aos 19 anos

---

[72] Na sátira "Pena de Talião", composta por Bocage em represália a críticas de seu rival Agostinho de Macedo, publicada em *Líricas e sátiras de Bocage*, s/d, pp. 133 a 147.

[73] *Apud* Teófilo Braga, *Filinto Elysio e os dissidentes da Arcádia: a Arcádia brasileira*, 1901, p. 134.

[74] *Idem, ibidem.*

(1756-1764) para, na volta a Portugal, inscrever-se em 1764 nos cursos de Direito Canônico da Universidade de Coimbra. Transformado em figura oficial — foi bibliotecário e lente da Universidade, e, em Lisboa, deputado da Junta da Revisão e Censura, desembargador de Agravos da Casa da Suplicação e deputado do Santo Ofício —, é compreensível que Ribeiro dos Santos visse com reserva as liberdades que Caldas Barbosa tomava não apenas com a linguagem em seus versos, mas ainda, como ele próprio dizia, na maneira "com que os canta". De fato, em uma "Carta sobre as cantigas e modinhas, que as Senhoras cantaõ nas Assemblêas", que ocupam as fls. 156-7 do vol. 130 da vasta coleção de seus *Manuscritos* doados à Biblioteca Nacional de Lisboa (da qual foi primeiro diretor em 1796, quando de sua criação com o nome de Biblioteca Pública), Ribeiro dos Santos descreve uma dessas reuniões a que esteve presente, na casa da poeta Leonor de Almeida, marquesa de Alorna. E após começar declarando "que desatino não vi?", acrescentava ao amigo destinatário em tom preocupado de moralista conservador:

> "Mas não direi tudo quanto vi; direi somente que cantavam mancebos e donzelas cantigas de amor tão descompostas, que corei de pejo como se me achasse de repente em bordéis, ou com mulheres de má fazenda."

O que fazia as cantigas de amor ouvidas nos salões de São Domingos de Benfica soarem ao observador tão descompostas, a ponto de parecerem cantorias dos meios de vida livre, era o tom direto das mensagens de amor dos versos, que impregnava as "cantigas amorosas de suspiros, de requebros, de namoros refinados, de garridices".

E o dr. Ribeiro dos Santos não relutava em apontar o responsável por tais cantigas capazes de encantar "com venenosos filtros a fantasia dos moços e o coração das Damas": era o brasileiro Domingos Caldas Barbosa. E explicava:

"Esta praga [as cantigas de amor] é hoje geral depois que o Caldas começou de pôr em uso os seus rimances, e de versejar para mulheres. Eu não conheço um poeta mais prejudicial à educação particular e pública do que este trovador de Vênus e Cupido: a tafularia do amor, a meiguice do Brasil, e em geral a moleza americana que faz o caráter de suas trovas, respiram os ares voluptuosos de Pafos e Citera. Eu admiro a facilidade da sua veia, a riqueza das suas invenções, a variedade dos motivos que toma para seus cantos, e o pico e a graça com que os remata; mas detesto o assunto, e mais ainda a maneira porque ele o trata."[75]

O fato de o dr. Ribeiro dos Santos ter concluído sua apreciação sobre o papel representado por Domingos Caldas Barbosa na interpretação daquele novo tipo de música, declarando detestar a forma com que o poeta tratava o assunto tomado para seus cantos, poderia levar à conclusão de que a responsabilidade de introdutor de "denguices e ternuras brasileiras" só lhe devesse ser "imputada a nível poético", como sustenta o professor Manuel Morais. Acontece que, como entre os papéis de Ribeiro dos Santos doados à biblioteca, e reunidos sob a indicação geral de "Manuscritos", encontram-se também os borrões que serviram muitas vezes a uma segunda redação de vários temas, o surpreendente Teófilo Braga encontrou num deles uma preciosa variante do passo citado. E pelo texto desta primeira redação do erudito Ribeiro dos Santos — em boa hora reproduzido por Teófilo Braga em nota de pé de página de seu *Filinto Elysio e os dissidentes da Arcádia* — torna-se definitiva a admissão de Domingos Caldas Barbosa como cantor-compositor:

---

[75] Teófilo Braga, *Filinto Elysio e os dissidentes da Arcádia*, cit., pp. 616-7.

Domingos Caldas Barbosa

"em seus cantares somente respiram as impudências, e liberdade do amor, os tonilhos extenuados da moleza americana e os ares voluptuosos de Pafos e de Citera. Eu admiro a facilidade da sua veia, a riqueza das suas invenções, a variedade dos motivos que toma, e o pico e graça dos estribilhos e retornelos com que remata; mas detesto os seus assuntos, e mais ainda, a maneira com que os trata e com que os canta."[76]

A maneira detestável (para o representante da moral oficial) com que Caldas Barbosa interpretava os versos de suas modinhas e lundus só podia residir naquela "meiguice do Brasil, e em geral a moleza americana" que, transformando-o em "trovador de Vênus e Cupido", permitia-lhe encantar "com venenosos filtros a fantasia dos moços e o coração das Damas", por meio da mensagem sedutora de suas cantigas amorosas de "suspiros, de requebros, de namoros refinados de garridices".

Era a popularidade nascida desse encanto dos jovens — principalmente as mulheres — pela novidade de tal cantar amoroso lançado nos salões de Lisboa, que permitiria ao próprio poeta-compositor perguntar à amada Eulina nos versos de sua modinha "Recado" (incluída no primeiro volume de sua coletânea *Viola de Lereno*, de 1798), após duvidar das possíveis saudades da musa ausente no campo ("Divertiu-se? passeou?/ Acaso lhe fiz eu falta?):

"Cantou algumas Modinhas?

---

[76] *Apud* Teófilo Braga, *Filinto Elysio e os dissidentes da Arcádia*, cit., nota 1. Variante (*Manuscritos* de Ribeiro dos Santos, vol. 130, fl. 66), p. 617. A referência de Ribeiro dos Santos a cantares de Caldas Barbosa e à graça com que entoava seus "estribilhos e retornelos", parece constituir o "fundamento histórico a favor" que o professor Manuel Morais afirma faltar na documentação do tempo como capaz de atestar a condição de letrista-compositor-cantor do poeta brasileiro.

E que Modinhas cantou?
Lembrou-lhe alguma das minhas?
Não, não;
Nem de mim mais se lembrou."[77]

Pois se tantos testemunhos e indicações de que Caldas Barbosa interpretava à viola composições de sua autoria ainda deixassem dúvida, mesmo após a pergunta formulada por ele mesmo — "E que Modinhas cantou?/ Lembrou-lhe alguma das minhas?" — ainda se poderia acrescentar evidências de que as modinhas do brasileiro chegaram a tornar-se tão em voga, que nas reuniões lítero-musicais dos grandes salões lisboetas outros as cantavam, reconhecendo-o como autor. Em curiosa reconstituição memorialística de um sarau musical do fim do século XVIII, "às portas de Lisboa", o marquês de Resende (filho do marquês de Penalva, contemporâneo e personagem das cenas descritas) ia referir-se nada menos que sete vezes a Domingos Caldas Barbosa, ao mostrá-lo ora como improvisador, ora a glosar motes, ora a ler décimas, e, finalmente, a ouvir cantar a condessa de Vila Flor uma modinha sua. Nessa pequena crônica de "costumes aristocráticos", lida pelo marquês de Resende a 12 de dezembro de 1867 no primeiro serão literário do Grêmio Recreativo de Lisboa (logo no ano seguinte publicada pela Tipografia da Academia Real das Ciências sob o título *Pintura de um outeiro nocturno e um sarau musical às portas de Lisboa no fim do século passado*), o autor evocava com comovida ternura o clima musical de uma reunião no solar da família Freire d'Andrade, nas Picoas, "nos primeiros anos do reinado de d. Maria I". Após a descrição das conversas e torneios literários de um daqueles "saraus instrutivos e divertidos" semanais das Picoas, o marquês de Resende mostrava tudo a ter-

---

[77] "Recado", *in Vila de Lereno*, de Domingos Caldas Barbosa, 1944, 1º vol., pp. 8-10.

Domingos Caldas Barbosa

minar em música — a começar pela erudita, naturalmente: "Depois destas poesias, e de uma lauta merenda, veio a música, que começou pela estupenda sinfonia da bela ópera *Ifigênia em Aulide* de Gluck, que tanto entusiasmou João Jacques Rousseau, tocada por Pedro Anselmo Marechal, no cravo recém-transformado em piano-forte por Pleyel".[78]

E então, depois de uma peça para harpa, um dueto dos então famosos líricos italianos do Teatro dos Condes, Zamperine e Caporaline, e de uma ária pelo soprano Violani e alguns números mais, passava-se para a novidade da nascente música popular urbana. E é quando o memorialista documenta a fama já então alcançada nos salões de Lisboa pelas modinhas de Domingos Caldas Barbosa:

> "Depois desta música clássica, veio a que eu chamarei nacional popular, das modinhas; ouvindo-se, entre outras cantigas entoadas por diferentes damas, a de Caldas Barbosa,
>
> 'Basta, pensamento, basta,
> Deixa-me enfim descançar,'
>
> cantada em voz sonora, e com chiste, pela condessa de Vila Flor, que tinha vindo tarde."[79]

Se, pois, o gosto pelas modinhas — e certamente pelas cantigas e lundus — do mulato brasileiro alcançava tal amplitude entre os freqüentadores de outeiros e assembléias dos melhores salões da nobreza lisboeta, como explicar o fato comprovado de as músicas compostas sobre versos seus, chegadas à atualidade em notação manuscrita ou impressa, indicarem sempre outros nomes

---

[78] Marquês de Resende, *Pintura de um outeiro nocturno e um sarau musical às portas de Lisboa no fim do século passado*, 1868, p. 43.

[79] Marquês de Resende, *op. cit.*, p. 44.

como autores da solfa? A explicação estaria no fato de — tal como aconteceria logo depois com outro mulato brasileiro, o tocador de cavaquinho Joaquim Manuel — Domingos Caldas Barbosa tocar seu instrumento de ouvido e, assim, não sendo capaz de registrar suas melodias tal como as cantava e acompanhava, ficar sujeito aos azares da transmissão oral, ou à mediação de músicos de escola, responsáveis por arranjos desfiguradores do estilo popular.[80]

Aliás, essa não seria a única contradição a tornar-se evidente no século XVIII entre a cultura oficial das elites, fundada na literatura e na música clássicas, e as novas criações da nascente cultura popular urbana, baseadas na espontaneidade e na improvisação poético-rítmico-melódica tão bem resumidas na arte de Domingos Caldas Barbosa, o futuro poeta árcade e autor-cantor de modinhas e lundus acompanhados à viola.

Esse confronto de linguagem ia tornar-se evidente, na área da poesia, com a criação em Lisboa, em meados de 1790, de uma entidade literária que, embora sob o nome de Academia de Belas Letras ou Nova Arcádia se anunciasse como continuadora dos ideais clássicos da Arcádia Lusitana (1756 a 1776), acabaria por revelar-se apenas uma espécie de agradável encontro semanal de literatos, para recitação de versos e exercício de vaidades, com merenda de salgadinhos e cantares à viola garantidos pelo colega Caldas Barbosa, protegido do anfitrião conde de Pombeiro.

Fora de fato a ação de Domingos Caldas Barbosa, então no auge de sua popularidade nos salões de Lisboa (talvez por idéia dos poetas Joaquim Severino e Francisco Joaquim Bingre), que viabilizara a criação da nova entidade inicialmente errante (reu-

---

[80] Isto aconteceria documentadamente com Joaquim Manuel que, de volta ao Brasil, em inícios do século XIX, seria ouvido no Rio de Janeiro pelo músico austríaco Sigismund Neukomm em 1816, passando à posteridade não pela música que realmente tocava em seu cavaquinho, mas pelo som das vinte modinhas conforme harmonizadas e editadas em Paris por aquele discípulo de Haydn.

Domingos Caldas Barbosa

nia-se em casas de particulares, como a dos condes de Vimieiro), mas que logo se fixaria no palácio do protetor do poeta brasileiro, o conde de Pombeiro, com o estabelecimento de sessões semanais, às quartas-feiras: as chamadas Quartas-Feiras de Lereno.

Pois seria aí, de permeio com a leitura, pelos sócios, de sonetos, epitalâmios, epicédios, genetlíacos, cartas, elogios, hinos, odes, orações e narrações sujeitas às regras neoclássicas que, ao fim das reuniões, vinha contrapor-se ao rigor dessa produção erudita o coloquialismo dos versos das modinhas e lundus populares do mulato brasileiro Caldas Barbosa, tão em contradição com o formalismo esperado do árcade Lereno Selinuntino.

Embora esse contraste entre a linguagem oficial dos acadêmicos (e do próprio Caldas Barbosa enquanto poeta arcádico) e a dos versos das cantigas, modinhas e lundus do trovador popular brasileiro não chegasse a ser percebido como fenômeno cultural apreciável, certas divergências surgidas entre os membros da Nova Arcádia viriam revelar o fundamento histórico-social que se ocultava por trás das suas rivalidades literárias. De fato, ao aceitar em seu conformado cenáculo, sujeito a regras e convenções próprias da alta cultura oficial, a admissão de consócios ligados à polêmica por temperamento (como no caso do padre Agostinho de Macedo), ou à alegre irreverência do novo tipo de gente das novas camadas médias e populares das cidades (caso do impulsivo Bocage), a entidade de literatos viu explodir o que pensava constituir uma unidade. A realidade mostrava existir, agora, em seu meio, duas linguagens socialmente em oposição: a dos intelectuais tradicionais congregados à sombra oficial das academias, e a dos novos intelectuais sensíveis à democrática admiração do heterogêneo público de leitores de cordéis, freqüentador do teatro popular de entremeses e do debochado ambiente dos botequins.

O que determinou, aliás, a expulsão de Bocage da Nova Arcádia — no auge de uma disputa *inter pares* provocada por sua facúndia, principalmente depois do sucesso do seu livro *Rimas*, de 1791 — foi o desabrido de sua reação a um soneto anônimo (depois atribuído a um de seus rivais árcades, o abade de Almoster, Joaquim Franco de Araújo Barbosa), explosivamente traduzido numa sátira que tomava por alvo exatamente a figura do modesto mulato brasileiro Domingos Caldas Barbosa:

"Preside o neto da rainha Ginga
A corja vil aduladora, insana;
Traz sujo moço amostras de chanfana,
Em copos desiguais se esgota a pinga;

Vem pão, vem manteiga e chá, tudo à catinga;
Masca farinha a turba americana;
E o orangotango a corda à banza abana,
Com gestos e visagens de mandiga:

Um bando de comparsas logo acode
Do fofo conde ao novo Talaveiras;
Improvisa berrando o rouco bode;

Aplaudem de contínuo as frioleiras
Belmiro em ditirambo, o ex-frade em ode:
Eis aqui de Lereno as quartas-feiras."[81]

Segundo o poeta Bingre, contemporâneo da polêmica, relembraria já octogenário, na primeira metade do século XIX — ao informar que o conde de Pombeiro ("o fofo conde") reagiu com fúria à agressão de Bocage — a repercussão da sátira de linguagem agressivamente chula marcaria o fim da proteção de d. José Luís de Vasconcelos e Sousa à Nova Arcádia. O que levaria, aliás,

---

[81] *Líricas e sátiras de Bocage*, cit., p. 181. Segundo o poeta Bingre, em depoimento prestado na primeira metade do século XIX a José Feliciano de Castilho Barreto e Noronha, que o transcreve em seu *Livraria clássica*, de 1847, o conde de Pombeiro reagiu fortemente a este ataque de Bocage, que "esteve durante muito tempo escondido em Santarém na casa dos Salinas" (conforme registra Adelto Gonçalves em sua biografia publicada pela Editorial Caminho, de Lisboa, em 2003, *Bocage: o perfil perdido*).

por intervenção do chefe de polícia, Pina Manique, à transferência da entidade para o Castelo de São Jorge, mas apenas para reuniões anuais no aniversário de d. Maria I, de 1794 a 1797: "Circunstância muito singular deste soneto é que foi ele a causa de se findarem as Quartas-Feiras de Lereno em casa do conde".[82]

[82] *Apud* Adelto Gonçalves, em citação do poeta Bingre no capítulo "Expulso do Paraíso" de seu livro *Bocage: o perfil perdido*, já citado. A desintegração da Nova Arcádia após o rompimento escandaloso com Bocage é contada com minúcia por Adelto Gonçalves, que consultou as atas de suas reuniões anuais, a partir de 1795, "na grande sala da Rainha Santa Isabel da Real Casa Pia", no Castelo de São Jorge. O nome de Domingos Caldas Barbosa, sempre fiel a seu protetor conde de Pombeiro, já não aparece na relação dos presentes às sessões promovidas, agora, apenas pelo interesse político de seu patrocinador, Pina Manique.

7.
VERSO CANTADO ANUNCIA
A POESIA DOS CAFÉS

A saída do destemperado poeta Bocage da Nova Arcádia (onde, no entanto, recém-chegado de Macau, em 1791, chegou a "recitar" comportadamente sob o nome arcádico de Elmano Sadino uns "Idílios marítimos") vinha revelar em Portugal o primeiro sintoma de uma oposição de fundo histórico-social: a que opunha à aristocrática cultura oficial das academias, assembléias e outeiros, a moderna tendência democrática da cultura dirigida à heterogênea massa urbana freqüentadora de cafés e botequins.

Os locais públicos de início denominados casas do café e, depois, simplesmente de cafés, constituíram de fato, desde seu aparecimento na Europa — em Veneza cerca de 1640, em Amsterdã em 1664, em Londres em 1661, na Alemanha em 1679 ou 1680, e na Áustria em 1683 —, espaços de sociabilidade destinados a atender à necessidade de novas camadas de gente citadina, surgidas com o adensamento da população nos centros de maior diversificação social.

Desde seu aparecimento — e, neste ponto, seguindo tradição árabe vinda do século IX — a presença de um público predominantemente masculino nos cafés equivaleu sempre a um pretexto de encontro para conversas livres, discussões de política ou literatura, cultivo do jogo de xadrez (mais tarde também de cartas e bilhar) e exibição de dotes pessoais em artes de esgrima, dança e poesia.

Nas capitais de forte tradição mundana e literária, como Paris, as *maisons de café*, além de ponto de encontro de intelectuais, expandiam eventualmente seu âmbito para áreas de diversão sob o nome *musicos* (depois cafés-cantantes), incluindo cantos e danças em clima de promiscuidade vizinha da prostituição.

Assim, ainda em Paris, enquanto o Café Procope (fundado antes de 1700 pelo italiano Procópio Cetelli, em frente ao Teatro Francês da rua da Antiga Comédia) pôde conservar até 1875 a tradição de ponto de encontro de intelectuais como Voltaire, Rousseau, Condorcet, Beaumarchais e Crebillon, os cafés surgidos a partir de 1749 no moderno centro comercial do Palais Royal — o Café de Valois (dos jogadores de xadrez), o Café de Foy, o Café du Caveau, o Café do Italiano ou o Café dos Cegos (que formavam orquestra) — não deixavam de conviver sempre com a vizinhança das mundanas, apesar da proibição às *filles* de circularem por ali em busca de clientes.[83]

Em Portugal, onde o primeiro carregamento de grãos de café só chegou do Brasil em 1731, as casas ou lojas do café (como começaram a ser chamadas) tardaram a aparecer, e muitas vezes denominadas mais tradicionalmente de botequins, por fidelidade à herança semântica da portuguesíssima botica.

Um desses primeiros locais abertos à convivência da gente de camadas médias de Lisboa, distante por condição social do mundanismo aristocrático dos salões, terá sido em 1781 o botequim do Varela, o boticário-empresário de diversões públicas João Gomes Varela, que já no ano seguinte inauguraria em terreno próximo o logo famoso Teatro do Salitre.[84]

---

[83] O ambiente desse verdadeiro antecessor setecentista dos modernos *shoppings centers* é descrito na França, com toda a movimentação e colorido, por seu freqüentador Restif de la Bretonne na sua "galerie de tableaux gaiment-tristes", intitulada *Le Palais-Royal* (A Paris, au Palais-Royal d'abord; puis partout, même chez Guillot, libraire, rue des Bernardins, 1760, 3 vols. *in*-12, avec une gravure pliée en trois à chaque volume).

[84] Os dados sobre João Gomes Varela, "boticário lisboeta, homem ativíssimo e empreendedor e parece que mais jeitoso para organizar comédias e funçanatas e musiquias do que para aviar receitas e extravagantes dos Hipócrates setecentistas da sua botica ignorada", são devidos a Gustavo de Matos Sequeira no capítulo XV, volume II, de seu muito informativo *De-*

A proximidade do botequim do Varela com o teatro indicava desde logo a repetição, em Portugal, do moderno modelo urbanístico que reunia nas grandes cidades da Europa, numa mesma área, os centros de diversão de caráter cultural — como eram as óperas e o nascente teatro popular dos entremeses e de espetáculos de café-concerto e *music-hall* — e os locais de vida boêmia, até então representados por tavernas e barracões de feira de modelo francês, e pelos *glee clubs* e *halls* ingleses (inspiradores dos futuros *saloons* norte-americanos).

Essa vizinhança, pois, de um público ilustrado de autores, atores, interessados em teatro e música, e a massa heterogênea de freqüentadores de cafés e botequins das proximidades (que não deixava de incluir candidatos às letras, improvisadores de versos ou simples leitores de jornais e folhetos de cordel), é que ia gerar o fenômeno da transformação desses locais em contraponto popular das assembléias, outeiros, saraus e salões literários das elites. E uma prova de que, entre esses literatos anônimos, figuravam invariavelmente os rabiscadores de versos seria fornecida no testemunho de um contemporâneo: o poeta Nicolau Tolentino de Almeida (1741-1811), em sua famosa sátira intitulada "O bilhar".

Ao focalizar a divertida visão de uma casa "com jogo de bilhar e carambola;/ Onde ao domingo o lépido caixeiro/ Co'a loja do patrão vai dando à sola", após anotar que "Ali se junta bando de casquilhos", que "altercam mil questões (e "pronto decidem no que nada entendem"), ostentam valentia duvidosa ("outro prova no chão a ponta fria/ De luzidio, virginal florete"), ou demonstram passos de "airoso minuete", Nicolau Tolentino ia dedicar 14 das 29 oitavas da sátira à figura de um típico poeta de café.

Instalado em suposta janela o poeta dizia ver e ouvir, de mistura com o ruído das tacadas no jogo de bilhar, do vozear das

---

pois do terramoto: subsídios para a história dos bairros ocidentais de Lisboa, 1967, em que focaliza os primórdios da atividade teatral no Salitre, de pp. 335 a 359.

Domingos Caldas Barbosa

conversas e do rolar dos dados, o vociferar de "sujo poeta" de rosto pálido, "que faz da véstia camisa; e é colarinho,/ Torcido solitário pescocinho", e cujos "papéis que lhe pejam a algibeira,/ Vão pelo forro larga porta achando".

Era o perfil cruel, mas verdadeiro, do típico poeta de origem humilde ("Seguindo em moço ofício de barbeiro"), freqüentador anônimo de salas literárias ("Fora cem vezes em noturno outeiro"), que não recuava em fazer versos por encomenda ("E diz-se que glosava por dinheiro"), mas para quem, afinal, o culto das musas reservava vida dura, obrigando-o a travar com o "mundo aspérrima batalha,/ Tanto co'a pena, quanto co'a navalha".

Não obstante essa realidade proletária, almejava o pobre coitado a alta poesia, adotando para desespero dos "ouvidos e faces dos fregueses" o estilo bucólico, em que falava "por afetar musa campestre,/ Em surrão e cajado muitas vezes".

Compreensivelmente falto de escola, o clássico poeta anônimo de café ou botequim baseava seu conhecimento na leitura de poetas oficiais — como os que se esmeraram em odes ao rei d. José I na inauguração de seu monumento em junho de 1715 ("Todos versos leu da estátua eqüestre") — e dos folhetos de cordel vendidos nas ruas pelos cegos, ou em pontos fixos: "os famosos entremeses,/ Que no Arsenal ao vago caminhante,/ Se vendem a cavalo d'um barbante".

Está claro que, como resultado dessa precária formação intelectual, "De cansada, rançosa poesia/ Grosso volume nas alibeiras andava". E como para a divulgação de tal obra ficava afastada a hipótese da publicação impressa, por falta de apoio e de meios, só restava então a esses poetas procurarem diretamente um local de presença pública garantida, como os cafés e botequins, para ler seus versos: "Em vendo gente, logo lá corria,/ E o fatal cartapácio lhe empurrava;/ Acrósticos sonetos repetia,/ Que só ele entendia, e só louvava;/ Punha em prosa também muita parola,/ E acabava por fim pedindo esmola".

Como se tratava de uma sátira, os versos de "O bilhar" buscavam explorar apenas o lado ridículo da situação descrita, o modelo do poeta de botequim escolhido por Nicolau Tolentino era esse tipo patético de cultor de musas popular, mas certas referências históricas revelam não ser estranha ao ambiente dos cafés a presença de poetas de maior qualificação. E isto porque para todos, afinal, haveria nesses locais sempre a atenção de algum ouvido, quando mais não fosse — conforme anotava ainda Nicolau Tolentino — por bondade ou penitência de alguém "menos depravado":

"Alçando a voz, cantou doces poesias,
Que invejou de Latona o filho belo [Apolo];
Jurando que os fizera em poucos dias.
Prometeu que os havia dar ao prelo;
Mas de roda um dos menos depravados,
Em desconto os ouviu dos seus pecados."[85]

O que Nicolau Tolentino demonstra criticar em seu retrato do poeta vulgar de cafés e botequins não é, afinal, a presença deles em tais ambientes de público necessariamente heterogêneo, mas o fato de ainda irem ali impor a uma gente saída da moderna burguesia das cidades exemplos de um arcadismo recheado de imagens mitológicas fora do tempo até pela distância da linguagem: "Co'as sonoras palavras *Pindo*, e *Plectro*,/ Ponho em meus versos locução divina;/ Eu sei, para cumprir as leis do metro,/ Quanto a história das fábulas me ensina;/ Sei que dos céus tem Júpiter o cetro,/ Que nos infernos reina Proserpina;/ A madrugada sempre chamo aurora,/ Sempre chamo a um jasmim mimo de Flora". E neste ponto com fino olho crítico, aliás, o satírico Tolentino apontava a própria falência da tentativa de imitar os antigos com intromissões barrocas em odes "cuja escuridade delas,/ É um preceito das desordens belas". E tudo para logo concluir, diante de

---

[85] "Oitavas 'O bilhar'", in *Obras completas de Nicolau Tolentino de Almeida*, 1861, p. 279.

Domingos Caldas Barbosa

tais equívocos, que "Se isto é assim, a sua língua de ouro/ Seria grega, mas falava mouro".

Esta contradição apontada na sátira ao tom dos versos dos poetas de botequim, sonhadores de glórias literárias impossíveis, aparecia projetada sobre o pano de fundo da nova realidade social citadina, que revelava uma dualidade de comportamento inclusive em autores reconhecidos, como era o caso do próprio Nicolau Tolentino. Tal como observariam António José Saraiva e Óscar Lopes em sua *História da literatura portuguesa*, ao chamarem atenção para "a presença e o estímulo de um novo público atento às manifestações de inconformismo e de polêmica", o conflito começava na dubiedade da vida que os próprios poetas eram obrigados a viver:

> "Uma grande parte da obra de Nicolau Tolentino e de João Xavier de Matos, por exemplo, é constituída por longos memoriais autobiográficos a requerer favores e proteções sempre difíceis; mas, opostamente, foi dos aplausos de seus admiradores de botequim, do público do Nicola e seu anexo reservado, o *Agulheiro dos Sábios*, que Bocage tirou o calor de suas invectivas contra o mundanismo da Nova Arcádia."[86]

Realmente, os efeitos dessa contradição literário-existencial, a envolver o dia-a-dia dos poetas setecentistas excluídos da proteção do mecenato particular ou dos favores oficiais, é que iam explicar também a causa das comuns desavenças surgidas no interior dos grupos de literatos das arcádias: as chamadas "guerras dos poetas". Reunidos à sombra da instituição literária das arcádias certos de que, "ao subirem ao Ménalo, esqueciam a diferença de categoria social, e renasciam todos para uma forma pu-

---

[86] António José Saraiva e Óscar Lopes, *História da literatura portuguesa*, Porto, Porto Editora, 8ª ed., 1975, p. 658.

ramente literária de aristocracia", tal como anotado por Saraiva e Lopes, os poetas não conseguiam entretanto escapar às contradições geradas pelo novo quadro social surgido em Lisboa após a revolução — não apenas geológica — do terremoto de 1755. Assim, na primeira dessas "guerras de poetas", ocorrida em 1767 na Arcádia Lusitana (criada por três bacharéis em leis, apenas quatro meses após o terremoto), a luta ainda pôde ser travada apenas no campo literário da própria instituição. Na segunda, porém, desencadeada quinze anos depois na Nova Arcádia (surgida já agora quase como simples local de tertúlias, "com características mundanas, recitativos, chás e torradas"), a discussão estava destinada a ganhar um público mais amplo. Era o resultado da nova realidade, que vinha alargar o âmbito do interesse literário para o público das recentes camadas de moradores da cidade freqüentadoras de cafés e botequins. Tudo como, ainda uma vez, não escaparia à percepção arguta dos autores da *História da literatura portuguesa*, ao focalizarem exatamente as discórdias de Bocage e José Agostinho de Macedo com a Nova Arcádia de 1790:

> "Com o rodar dos anos, os centros de polarização literária tendem a ser os botequins e os salões. Entre o crepúsculo do mecenato monárquico ou senhorial, e o dealbar da profissionalização jornalística e editorial, alguns dos escritores mais representativos, sobretudo poetas, ficam reduzidos a uma situação de boêmia, de vida aventurosa ou miserável que lhes inspira um sentimento de revolta, de iconoclastia, de crise ideológica e moral."[87]

Vinte e dois anos antes dessa oportuna observação sociológica de 1958, destinada a explicar um fato aparentemente de caráter apenas literário, outro historiador das letras portuguesas, o

---

[87] *Idem, ibidem.*

professor Hernâni Cidade, já havia chamado a atenção para a mesma influência desse novo público dos cafés em seu ensaio biográfico *Bocage, a obra e o homem*. Ao referir-se à guerra dos poetas da Nova Arcádia provocada pela saída de Bocage (exatamente quando sua reputação de gênio, "com seu pleno assentimento, cada vez mais se radicava entre seu público fiel, nos improvisos de cafés e outeiros"), Hernâni Cidade lembrava:

> "*Elmano* é expulso da Arcádia, quando já havia deixado de a freqüentar. É claro que a contenda se exacerbou. E, tanto que, dentro de pouco, a Arcádia fechava definitivamente suas portas.
>
> Como é norma nestas confrarias, a cultura nacional não teve muito que lamentar-se. Quanto ao público, esse continuou a diverti-lo esta *guerra do alecrim e mangerona*, repercutida nos cafés, entre goles de ponche — e baforadas de cigarros e espirros de rapé, anedotas e sátiras; o *Agulheiro dos Sábios* metralhando à versalhada o *Café da Boa Hora*, o *Café da Boa Hora* à versalhada metralhando o *Agulheiro dos Sábios*..."[88]

Aliás, não seriam apenas essas salas reservadas aos literatos freqüentadores do café ou botequim do Nicola, ou do seu rival *Café da Boa Hora*, que deixariam nome como locais de discussões intelectuais ou políticas. Em sua sátira "A guerra", oferecida ao visconde de Vila Nova, o esquivo Nicolau Tolentino de Almeida (que pessoalmente afirmava não profanar Apolo "por bares de bebidas/ Por oiteiros de Sant'Ana") ia contribuir com a notícia de outra "loja de bebidas" de Lisboa reconhecida como local de agitação de idéias: "Deixa que os bons e a gentalha/ Brigar ao *Casa-*

---

[88] Hernâni Cidade, *Bocage, a obra e o homem*, 1980 (a primeira edição é de 1936, pela Livraria Lello & Irmãos, do Porto), p. 63.

ca vão;/ E que enquanto a turba ralha/ Vá recebendo o balcão/ Os despojos da batalha".[89]

Era, pois, nesses espaços alheios às regras do debate vigentes nas instituições oficiais que se agitavam idéias novas, e se formavam opiniões, inclusive sob influência de um fator que já anunciava a futura sociedade de massas: o "ouvir falar". O que, por sinal, era o próprio poeta Nicolau Tolentino quem dava a conhecer, ao criticar a figura do elegante e vazio peralta da época, freqüentador de cafés. Após afirmar em sátira de 1779 sobre tais peraltas, que "aos cafés iremos vê-lo/ No mostrador encostado/ Sobre o curvo cotovelo/ Tendo à esquerda sobraçado/ Gigante Chapéu de pêlo", mostrava Nicolau Tolentino como até mesmo este alienado personagem se permitia eventualmente participar das discussões intelectuais, com evidente conhecimento apenas de oitiva: "Carregando a sobrancelha,/ A falar na história salta;/ E logo da França velha/ Reconta o pobre peralta/ Cousas que pescou de orelha".[90]

Aí ficava fixado, pois, nesse pequeno flagrante do dia-a-dia da gente das camadas urbanas da segunda metade do Setecentos, o momento exato da sua ruptura não apenas com as regras de comportamento social vigentes, mas com o próprio caráter do saber oficial.

No que se refere às formas literárias, tal ruptura não poderia deixar, afinal, de influir no que se denomina geralmente de gosto do público, e que no caso apareceria representado pela passagem, por meio do "realismo proletário", de uma atitude de respeito às convenções clássicas, para o emprego de formas de expressão mais pessoais e diretas prenunciadoras do futuro romantismo. E tudo como tão apropriadamente resumiriam os autores

---

[89] "A guerra, oferecida ao Visc. De Vila Nova", *in Obras completas de Nicolau Tolentino de Almeida*, cit., p. 214.

[90] "Sátira a D. Martinho de Almeida no ano de 1779", *in Obras completas de Nicolau Tolentino de Almeida*, cit., p. 236.

da *História da literatura portuguesa*, António José Saraiva e Óscar Lopes, ao descreverem o caráter da poesia pré-romântica insinuada por entre as fendas abertas nas rigorosas construções neoclássicas: "poetava-se mais para a função ou botequim do que para o outeiro ou academia, a velha reclusão das mulheres cedia às facilidades do namoro, e o cavaleiro de melindroso pundonor fazia-se chichisbéu peralta; as velhas fórmulas de tratamento, a *Senhoria* e a *Excelência*, democratizavam-se, ou mais exatamente, aburguesavam-se, a despeito dos zelos de puritanismo tradicional e de sátiras inumeráveis".[91]

É essa disposição de um público aberto às novidades, agora oferecidas a grupos cada vez mais amplos da sociedade com o crescimento da produção de bens materiais pela Revolução Industrial, o que iria estabelecer, no plano literário, a mais inesperada ponte entre a linguagem popular dos versos de salão do brasileiro Domingos Caldas Barbosa, e o novo gosto democratizado pela produção de poesia descompromissada, dirigida ao público heterogêneo dos cafés e botequins.

---

[91] António José Saraiva e Óscar Lopes, *História da literatura portuguesa*, cit., p. 698.

8.
O "REALISMO PLEBEU"
DO CORDEL E DAS MODINHAS

A "irrupção do realismo plebeu" detectado pelos autores da *História da literatura portuguesa* "entre os próprios cultores do estilo afetado" — e que desde logo permitia simpática acolhida às denguices brasileiras do poeta de salão Domingos Caldas Barbosa em versos como "Tem nhánhá certo nhónhó,/ Não temo que me desbanque,/ Porque eu sou calda de açúcar/ E ele apenas mel de tanque" — tem sua explicação não apenas no clima boêmio dos cafés e botequins, mas na nova linguagem dirigida às mais amplas camadas pela literatura de cordel.

Produzidas por autores sem compromisso direto com as regras da cultura oficial dos árcades ou acadêmicos dos salões, as folhas volantes e folhetos impressos in-4° (20 x 15 cm no geral), vendidos por cegos papelistas pelas ruas a trinta réis ou um vintém, tenderam pela segunda metade do século XVIII a centralizar seu interesse em temas da atualidade — repercussão das modas, acontecimentos espetaculares, crítica de costumes etc. —, o que levava a chamar tais cronistas da vida urbana de gazeteiros.

A tradição dessa literatura popular contemporânea da vulgarização da imprensa remontava, em Portugal, ao século XVI — quando histórias herdeiras dos romances medievais, tragédias marítimas, profecias e relatos de viagens disputavam o interesse público com autos teatrais de Gil Vicente, Baltazar Dias e do poeta Chiado —, mas somente a volta à normalidade social, após o terremoto de 1755, viria estimular com nova explosão editorial de folhetos a tendência jornalística à glosa dos fatos do dia-a-dia.

Em verdade, embora a disseminação das pequenas oficinas gráficas em Lisboa tivesse permitido, desde a primeira metade do

Setecentos, o aparecimento de uma variedade de publicações, como o semanário *Folheto de Ambas Lisboas*, de 1730 a 1731[92] (precursor da gazeta-a-mão *Folheto de Lisboa*, do padre Luís Monte Matoso, de 1840), lunários, folhas do ano, prognósticos e sarrabais, somente pelo despontar da década de 1780 a literatura de cordel passaria a constituir um *corpus* de publicações impressas não mais destinado a "apresentar exemplos edificantes", mas a divertir um público disposto apenas ao entretenimento e à galhofa.[93]

Formalmente, como ainda em 1797 demonstrava a série de folhetos humorísticos do *Almocreve de Petas*, ao ajuntar a esse título a indicação *"ou moral disfarçada para correção das miudezas da vida"*, continuava-se a prestar homenagem às velhas intenções religioso-morais da censura eclesiástica, mas apenas como boa política para a obtenção da necessária licença de publicação. O que os textos demonstravam, na verdade, é que a preocupação dos modernos gazeteiros não era com a moral ou a busca

---

[92] O autor consultou os números do *Jornal de Ambas Lisboas* que fazem parte da coleção de folhetos enfeixados no Arquivo Nacional da Torre do Tombo sob a denominação de "Provas e Suplemento à História Anual Cronológica e Política do Mundo, e Principalmente da Europa" etc. Em seu livro *Depois do terramoto*, Matos Sequeira revela ter possuído a coleção completa dos 26 números do *Folheto de Ambas Lisboas* (que dá como de Ambas *as* Lisboas), cujo primitivo dono identificava como autor Jerônimo Tavares Mascarenhas de Távora. Em seu *Dicionário bibliográfico português*, Inocêncio Francisco da Silva confirma essa autoria, afirmando possuir também a coleção completa do *Folheto de Ambas Lisboas*, de agosto de 1730 a agosto de 1731: "Saía semanalmente, porém houve por vezes suas interrupções, de modo que sendo a coleção que possuo, e que julgo completa, de 26 números...".

[93] A nomeação de Pina Manique para o cargo de intendente-geral da Polícia a 24 de abril de 1780 implicou, em certa medida, o endurecimento da censura, mas apenas para a discussão de temas ideológico-políticos que pusessem em perigo a segurança do Estado autoritário. Abria, assim, caminho para uma maior aceitação do que constituísse apenas "jocoseria" popular.

90   José Ramos Tinhorão

de correção de possíveis desvios de comportamento social, mas com tudo o que de mais prazeroso se pudesse tirar das "miudezas da vida". É que a nova geração de autores de folhetos não era composta agora apenas por gente de alguma forma ligada à cultura oficial — como fora o caso do desabusado frei Lucas de Santa Catarina (Lisboa, 1660-1740) das crônicas satírico-morais do *Anatômico Jocoso*, saídas de "gavetas velhas" para publicação póstuma em 1752 —, mas por funcionários públicos, mestre-escolas, atores, militares, bacharéis e até gente sem maiores qualificações intelectuais.

Um exemplo típico de representante desses novos escritores da pequena burguesia citadina, especialistas em criações literárias de agrado fácil, seria o mais prolífico e multifacetado autor de folhetos de cordel de finais do século XVIII: o leiriense-lisboeta José Daniel Rodrigues da Costa (1757-1832). Entregue aos dois anos de idade aos cuidados de "senhoras caridosas" de Lisboa, certamente de condição modesta, o órfão José Daniel não passaria das primeiras letras, mas talvez por volta de 1880 — quando Diogo Inácio de Pina Manique é feito intendente-geral da Polícia da Corte do Reino — um parente deste, o desembargador Antonio Joaquim de Pina Manique (então administrador da Alfândega), investe o desvalido jovem na administração das "quatro portas da cidade, e ramo de Belém".[94]

A garantia do sustento oferecido pelo cargo público de agente ou oficial do fisco ia permitir a José Daniel dedicar-se também à literatura da forma mais descompromissada, tal como iam demonstrar logo suas indiscriminadas incursões pela poesia, crítica de costumes e "teatro cômico de pequenas peças". E tudo, já ago-

---

[94] A informação é de Inocêncio Francisco da Silva, que em seu *Dicionário bibliográfico português*, ao alinhar notícias tidas "por mais verídicas" sobre José Daniel Rodrigues, dava-o como "de maneiras afáveis" e "bem quisto de todos que o conheciam, e aplaudiam os seus chistes e ditos naturalmente engraçados e satíricos".

ra, sob o maldoso apodo (certamente devido à conquista de seu cargo) de Beleguim das Letras.

O que desde o primeiro momento, porém, ia demonstrar a diferença de propósito do autor estreante no uso da escrita, em relação à posição de alta dignidade sempre assumida pelos representantes da literatura oficial, era seu alheamento às exigências do cultismo e bom gosto no exercício da arte de escrever.

Depois de estrear em 1788 como autor popular com a série de folhetos de cordel intitulada *Ópios*, de "crítica moral aos costumes do tempo" — segundo Inocêncio Francisco da Silva, a quem se deve a informação —, José Daniel assume sua atividade de escritor profissional de forma tão completa, que não recua em se tornar ele mesmo vendedor de suas produções. Essa atitude de verdadeira dessacralização da "arte" de escrever, e que até então conferia aos cultores das letras uma posição "elevada" em relação às atividades não "nobres" (como as mecânicas ou do comércio), não constituiria uma atitude isolada do novo papelista. Em verdade, José Daniel vinha incluir-se apenas entre outros intelectuais de casas de café do Setecentos cuja penúria pessoal levava igualmente à superação dos velhos preconceitos, tal como em seu estudo sobre Bocage lembraria Hernâni Cidade, ao reviver os ambientes do Botequim do Nicola e da Arcádia das Parras, "ambos do lado ocidental do Rossio":

> "Ali acamaradavam-se [os freqüentadores fidalgos] com os mais humildes confrades, como aquele João Xavier de Matos, a quem a celebridade de autor da écloga *Albano e Damiana*, não deixou de andar pelas ruas vendendo os seus versos em papel pardo; como aquele José Daniel Rodrigues da Costa, oficial do fisco nas quatro portas de Belém, por isso chamado o *Beleguim do Parnaso*, sempre com as algibeiras pejadas de facécias metrificadas, para gáudio, às vezes, mais freqüentemente para enfado dos amigos; como Antonio Crispiniano Saunier, meio idiota, meio cínico, me-

trificador a soldo, vivendo da pena pronta a todas as prostituições."[95]

No caso de José Daniel Rodrigues da Costa, essa disposição para o uso de seus escritos como produto vendável se tornaria mais do que um impulso eventual, uma atividade comercial claramente estabelecida, paralelamente à criação intelectual. Segundo informação de Albino Forjaz de Sampaio (com base em descrição de Júlio César Machado em seu folheto sobre a atriz Soller), José Daniel não apenas vendia sua produção em 1784 na própria casa, "na Rua de Nossa Senhora da Glória, defronte da ermida do mesmo nome", mas estabelecia-se como qualquer vendedor de rua com seus folhetos nas proximidades dos teatros, "sentando-se ao pé do que instantes depois seria freguês", ou seja, onde certamente assistia, por vezes, à representação de alguma de suas peças.[96]

Essa decisão de explorar profissionalmente, com caráter de continuidade, um tipo de literatura destinada a um público de gente das camadas populares, foi tomada em definitivo por José Daniel em 1797 — quando a edição do terceiro volume das *Rimas* completa a publicação de suas poesias e "pequenas peças", iniciada em 1795 — com o lançamento do que viria constituir a mais longa série de folhetos jornalísticos de crítica de costumes: o *Almocreve de Petas, ou moral disfarçada para correção das miudezas da vida*. Declaradamente inspirado no modelo do *Folheto de Ambas Lisboas*, de 1730 (que, por sua vez, já constituía paródia das tradicionais *Gazetas de Lisboa*, que desde o século XVII detinham o monopólio das "notícias do reino, ou de fora"), o *Almocreve de Petas* ia ser editado regularmente de 11 de

---

[95] Hernâni Cidade, *Bocage, a obra e o homem*, 2ª ed., cit., p. 23.

[96] Nota introdutória de Albino Forjaz de Sampaio à publicação de seu catálogo *Teatro de cordel*, publicado com o antetítulo de "Subsídios para a história do teatro português", sob o patrocínio da Academia das Ciências de Lisboa, pela Imprensa Nacional de Lisboa, 1920.

Domingos Caldas Barbosa

janeiro de 1797 a inícios de 1800[97] com a intenção de constituir apenas um jornal humorístico. Realmente, apesar de já nos três volumes de suas *Rimas* José Daniel apresentar-se com o nome arcádico de Josino Leiriense (que alguns autores dão como da Nova Arcádia, sem comprovação), a linguagem do redator do *Almocreve de Petas* mantinha-se o mais distante possível do estilo da literatura oficial. Narrativa direta de fatos reais, tomados sempre pelo lado humorístico ("Por huma Carta bem circunstanciada, e todo o crédito, soubemos, que nas vizinhanças de Loures se casou uma Peralta, que contava viuvez de quatro maridos; e como o último, que morreo, foi o quarto, temos toda a certeza, que este, com quem casou, era o quinto"), as crônicas noticiosas do *Almocreve de Petas* iam configurar, afinal, um originalíssimo jornalismo de costumes do tempo. E, justamente por essa sua preocupação de crônica-jornalística, sempre mais interessado no anedótico do que no apuro do estilo literário.

Tal como acontecia com os entremeses dirigidos ao teatro popular do Salitre e da rua dos Condes (gênero a que José Daniel também se aplicou com sucesso), os comentários do *Almocreve de Petas* adotavam aquele tom de "realismo plebeu" responsável pelo sucesso da produção cômica, satírica, licenciosa (e até mesmo apenas pornográfica) de poetas reconhecidos, como José Agostinho de Macedo, Bocage e Nicolau Tolentino de Almeida. E, por extensão, dos versos de velado apelo erótico-amoroso das modinhas e lundus do beneficiado brasileiro Caldas Barbosa.

Realmente, a engraçada descrição do quinto casamento de uma peralta das vizinhanças de Lisboa (meio século antes tal devota das modas seria chamada de bandarra) vinha muito a propósito dar conta da repercussão das modinhas do mulato brasi-

---

[97] A informação é do próprio José Daniel Rodrigues da Costa na "Fala da despedida do Editor desta Obra", à p. 1 da Parte CXL do *Almocreve de Petas*, de fins de janeiro de 1800, o que permite corrigir neste ponto o sempre tão bem informado dicionarista Inocêncio ao dar o periódico como publicado entre 1798 e 1799.

leiro protegido do conde de Pombeiro sobre o gosto das camadas da emergente classe média contemporânea do fomento industrial da era pombalina. É que, como pela primeira vez aparecera alguém falando em seus versos de salão aristocrático a mesma linguagem das salas da pequena burguesia citadina, sua aceitação por esta gente tornava-se, mais do que explicável, perfeitamente natural. E, de fato, como descreveria José Daniel Rodrigues da Costa — armado o cenário da festa —, "então a vizinhança convidada, veio a filha de uma vizinha, que canta modinhas sem segunda, e principiou a muitos rogos, em louvor dos Noivos, a cantar a moda, 'Só Arminda, e mais ninguém', trinando com a voz não por arte, mas sim por natureza, e abrindo ao mesmo tempo cada venta, que por cada huma lhe cabia huna laranja".[98]

Em primeiro lugar, a observação de que a filha da vizinha convidada era conhecida por cantar sem segunda significava que a rapariga costumava cantar as modinhas a solo, ao contrário do que acontecia nos salões da burguesia ou da nobreza, onde imperava a harmonização erudita do canto *a duo*, influenciada "pela *romanza* da ópera napolitana do final do século XVIII, bem como pelos andamentos lentos do estilo *cantabile* da música instrumental vienense, inglesa e francesa do período clássico", conforme registro do musicólogo Rui Vieira Nery.[99]

A descrição de José Daniel tende evidentemente à caricatura, mas mesmo nos pormenores exagerados pela intenção da piada consegue-se descobrir o significado real do que acontecia: a intérprete da modinha, sem os recursos vocais das cantoras de escola, procurava com simplicidade colorir seu canto com trinos típicos do estilo popular ("não por arte, mas sim por natureza"),

---

[98] José Daniel Rodrigues da Costa, *Almocreve de Petas*, tomo I, parte VI ("Arroios, 3 de Maio"), 1819.

[99] "Música de salão do tempo de D. Maria I", texto do prof. Rui Vieira Nery, da Universidade de Lisboa, para o folheto que acompanha o CD "Modinhas, Cançonetas Instrumentais", gravado pelo conjunto Segréis de Lisboa sob selo *Movie Play* em dezembro de 1993.

e cuja emissão exigia por certo tanto oxigênio, que a obrigava a abrir as "ventas" de forma exagerada.

O mais revelador, porém, nessa descrição realístico-caricatural de uma festa de casamento de gente da periferia urbana de Lisboa de fins do Setecentos, é o fato de a modinha cantada durante o tal "púcaro d'agoa aceadíssimo" constituir não uma criação popular, anônima, mas obra de autor contemporâneo reconhecidamente ligado às altas camadas da nobreza. Realmente, a moda "Só Arminda, e mais ninguém", citada por José Daniel Rodrigues da Costa, era a que sob a designação genérica de cantigas o brasileiro Domingos Caldas Barbosa cantava nos salões aristocráticos com o título de "Protestos a Arminda", como comprovam os versos dessa composição publicados em 1826 no segundo volume da coletânea *Viola de Lereno*:

> "Conheço muitas pastoras
> Que beleza e graças têm,
> Mas é uma só que eu amo,
> Só Arminda e mais ninguém."

Esses "Protestos a Arminda" — que, aliás, se estendem por oito quadras, todas terminadas com o verso-motivo "Só Arminda e mais ninguém" — é a mesma composição cujos versos abrem também a coletânea intitulada "Cantigas de Lereno Selinuntino", guardada em cópia manuscrita (letra do século XVIII) no cofre da Biblioteca do Gabinete Português de Leitura do Rio de Janeiro, sem indicação de origem ou procedência.[100]

---

[100] A coleção manuscrita intitulada "Cantigas de Lereno Selinuntino" consta do acervo da biblioteca do Gabinete Português de Leitura do Rio de Janeiro sob a indicação de catálogo C. Barboza Cantigas R. E. P. L. Armário 6A 25. O autor deste livro, após várias tentativas de obter vista dos manuscritos junto a funcionários da biblioteca do Gabinete Português de Leitura (o que só lhe foi concedido em fins de 2000, com permissão para cópia apenas manual), conseguiu fotocópias da coleção completa em novembro

Se os folhetos do *Almocreve de Petas* baseavam-se — como de fato se comprova — no comentário cômico-realista de acontecimentos do cotidiano da vida das camadas médias de Lisboa de fins do Setecentos, bastaria essa identificação de Caldas Barbosa como autor dos versos cantados no casamento da peralta para prova da popularidade de suas modinhas entre tal gente.

Acontece, porém, que a indicação do sucesso desta modinha do mulato brasileiro entre o povo de Lisboa não seria única na série de crônicas humorísticas do *Almocreve de Petas*: no ano seguinte, 1798, ao comentar no folheto datado do "Chafariz de Dentro, I de Junho" a estranha natureza do amor, a propósito da paixão de "hum Tafulão de tres pelos", José Daniel Rodrigues voltava a dar como anônimos outros versos do mesmo Domingos Caldas Barbosa. Nas considerações algo filosóficas em torno do sentimento sobre o qual "os maiores Doutores tem balbuceado no discernimento" e "tem-se-lhe chamado muito nome", o autor do folheto chamava a atenção para os efeitos contrários de tal sentimento, lembrando então ser tão do momento o tema "que até produziu uma modinha", que diz:

"Ninguem sabe, ninguem sabe
Ninguem sabe o que he Amor."[101]

Pelo tom da citação percebe-se que a modinha andava ao tempo na memória das pessoas como algo de conhecimento comum, mas os versos indicam quem a "produziu": fazem parte da cantiga "O que é Amor", de Domingos Caldas Barbosa, e se não

---

de 2001, em Lisboa, por gentileza especial do musicólogo Manuel Morais, professor da Universidade de Évora. Segundo Manuel Morais, as cópias recusadas ao pesquisador brasileiro, no Rio de Janeiro, foram por ele conseguidas mediante o simples envio de solicitação por carta datada de Lisboa.

[101] José Daniel Rodrigues da Costa, *Almocreve de Petas*. Parte LIX. "Chafariz de Dentro, I de Junho", tomo II da edição em livro dos folhetos pela Oficina de J. F. M. de Campos, Lisboa, 1819.

figuram nos dois volumes da *Viola de Lereno*, aparecem sob esse nome na coleção manuscrita das "Cantigas de Lereno Selinuntino" copiadas por mão de contemporâneo:

"Levantou-se na Cidade,
um novo e geral clamor,
todos contra amor se queixam
ninguém sabe o que é Amor.

Dizem uns, que ele é loucura,
outros dizem que ele é dor,
não lhe acertam nome próprio
ninguém etc.

Que importa que alguem presuma,
nestas coisas ser Doutor,
se ele ignora como os outros?
ninguém etc.

Amor é uma Ciência
que não pode haver maior,
pois por mais que amor se estude
ninguém etc.

Em mil formas aparece
o mimoso encantador,
inda assim não se conhece
ninguém etc.

Ao valente faz covarde,
ao covarde dá valor,
como é isto não se sabe
ninguém etc.

Choram uns o seu desprezo,
outros Cantam seu favor,
de amor choram de amor cantam
ninguém etc.

A uns faz gelar de susto,
noutros causa um doce ardor,
não se sabe a qualidade
ninguém etc.

Amor tem um Ser divino,
não tem forma, corpo, ó Cor,
sente ver mas não o vê
ninguém etc."[102]

Tal como se pode perceber, o que atraía no cantar do brasileiro protegido do conde de Pombeiro era a fidelidade à sua origem de poeta popular, traduzida na simplicidade lírica daqueles versos que, se encantavam as elites dos salões pelo seu sabor exótico, casavam-se de maneira perfeita com a tradição nunca interrompida entre o povo miúdo de Portugal, da oralidade cantante das quadras em redondilhas.

Esse lirismo singelo das cantigas postas em voga em Lisboa pelo mulato brasileiro iam exercer, aliás, uma influência marcante sobre a própria forma de cantar do final do Setecentos. E isso se poderia comprovar pela iniciativa do próprio redator do *Almocreve de Petas*, de propor a seus leitores a partir de inícios de 1798 quadrinhas compostas no melhor estilo de Domingos Caldas Barbosa, como sugestão de letras para composição de modinhas. Como pretexto para tal, José Daniel Rodrigues criaria a figura de um suposto "moço do Poeta", que apresentava como "perseguido por alguns curiosos de Música, por letras para Modinhas". A semelhança dos versos propostos pelo redator do *Almocreve de Petas* com os das cantigas do brasileiro autor da *Viola de Lereno* — cujo primeiro tomo apareceria naquele mesmo ano em Lisboa, impresso na Oficina Nunesiana — não deixa qualquer dúvida:

---

[102] "O q hé Amor", *in* coleção manuscrita sob o título "Cantigas de Lereno Selinuntino da Arcádia de Roma", cit.

Domingos Caldas Barbosa

VIOLA
DE
LERENO:

COLLECÇÃO
DAS SUAS CANTIGAS,

OFFERECIDAS
AOS SEUS AMIGOS.

VOLUME I.

LISBOA
NA OFFICINA NUNESIANA.
Anno 1798.

Com licença da Meza do Desembargo
do Passo

Primeira edição da *Viola de Lereno*, de Caldas Barbosa,
pela Oficina Nunesiana, Lisboa, 1798.

"O moço do Poeta vendo-se perseguido por alguns curiosos de Música amadores dispostos a compor modinhas no estilo em voga, fez a seguinte, que quer por a público, para que quem a achar bonita, lhe faça a solfa.

'Doce lisonja   Faço a pintura
Lilia não pinta,   D'uma Deidade,
Não me dá tinta   Dê-me a verdade
O cego Amor.   O seu favor.

REMATE

Nas minhas côres
Julguem-me exacto,
Que isto he retracto,
E eu sou Pintor.

Madeixa ondeada   Não usa adornos,
Comprida, e negra   Não é côr d'ouro,
O peito alegra   Mas d'um thesouro
Do seu Pastor.   Tem o valor.

REMATE

Nas minhas cores, &c.

Os bellos olhos   Mas sem fallarem,
D'Alma janellas   Dizem com graça
Não tem d'estrellas   Quanto se Passa
O resplandor.   No interior.

REMATE

Nas minhas côres, &c.

Immensos dotes   Desce do Pindo,
Lhe não traslado,   Thalia acode,
Que he limitado   Que mais não pode
O meu louvor.   O seu cantar.

Domingos Caldas Barbosa

REMATE

Nas minhas côres
Julguem-me exacto,
Que isto he retracto,
E eu sou Pintor.'"[103]

O que a crônica de costumes representada pelo jornalismo cômico-literário dos folhetos do *Almocreve de Petas* revela, por meio de tais indicações do interesse do público pela modinha, afinal, é a extrema popularidade alcançada pelo novo gênero de canção urbana que, levado da colônia do Brasil para os salões lisboetas pelo mulato Domingos Caldas Barbosa, voltava ao povo em Portugal ante a identidade histórico-ideológica de sua linguagem. Uma identificação transformada, aliás, em quase mania nacional, ao espalhar-se pelas principais cidades do país, como dava a saber o próprio José Daniel Rodrigues. Ao transcrever a carta em que certo morador de Braga contava a um amigo de Lisboa as visões de um sonho, assim mostrava a reação daquele chefe de família à paixão das filhas moças pela novidade da modinha:

"tirei-me daquela parte ao Sul, e vim conversar com a dona da casa, que estava entre a porta da alcoba de gobinardo, e contas na mão, dizendo lá consigo, *ora paciencia, nem cómo, nem durmo às minhas horas; porque tenho filhas, que cantão modinhas, e são*

---

[103] José Daniel Rodrigues da Costa, *Almocreve de Petas*, parte XLV, tomo II da edição de 1819, cit. O próprio tema dos versos propostos por José Daniel Rodrigues fora usado por Domingos Caldas Barbosa nas quadras intituladas "Talvez que eu me explique", incluídas no 2º volume, *post mortem*, da coletânea *Viola de Lereno*, de 1826: "Atende ao retrato/ Do qu' eu por ti çinto/ Que tudo qu' eu pinto/ É cópia fiel".

as chamarizes desta Praça do Commercio, deixem estar o caso por minha conta, que para a Pascoa ha de ficar tudo n'hum Convento.[104]

Pois se eram tantas as filhas das pequenas famílias de centros urbanos mais populosos que assim se faziam notar ("são chamarizes") por seu desempenho na arte em moda de cantar modinhas, não apenas o faziam a duas vozes (a exemplo das lisboetas d. Gacheta e d. Palerma, que a caminho de Bucelos, montadas em burrinhos "entoavam de primeira e segunda a modinha Finezas que eu lhe fazia, /Nuna mais de mim terá"),[105] mas certamente a solo, com acompanhamento à viola ou guitarra por bisonhos amadores limitados ao estilo fácil do *tliquitó*. A referência a essa designação para forma determinada de execução por parte de tocadores populares é feita ainda por José Daniel Rodrigues, ao focalizar em seu *Almocreve de Petas* a figura de um mandrião da época — um "namorado de Maio", favorecido pela renda de 40 mil-réis anual da exploração "de hum pardieiro na Cotovia debaixo" —, que acrescia seus proventos com certas habilidades, como as de fazer versos por encomenda e tocar modinhas em estilo popular:

> "ora, este bom traste tambem se ajudava com os pequenos ganhos da guitarra, em que toca modinhas, de *tliquitó*, hia a funções de tres ao dia; fazia a sua cartinha de amor aos seus amigos, fazia-lhes o seu versinho em que respirava muito a natureza, e com estes, e outros ganhos, andava sempre em hum pontinho, e

---

[104] José Daniel Rodrigues da Costa, *Almocreve de Petas*, parte XLII ("Braga, 3 de Fevereiro"), no tomo II da edição de Lisboa de 1819, cit.

[105] José Daniel Rodrigues da Costa, *Almocreve de Petas*, Parte XIX ("Bucelas, 29 de Julho"), tomo I da edição de Lisboa de 1819, cit.

Domingos Caldas Barbosa

nos bicos dos pés por não fazer despeza com os tacões dos Çapatos."[106]

A guitarra a que se referia José Daniel nada teria a ver com o instrumento de caixa de ressonância em forma de amêndoa só muito mais tarde popularizado com o advento do fado,[107] mas com a viola de quatro ou cinco ordens de cordas, comumente tocada de rasgado ou, como explicava Mario de Sampaio Ribeiro, "ferindo todas as cordas simultaneamente". E seria por certo tal forma de tocar essa viola mais popular chamada de guitarra, o que explicaria, por sua sonoridade mais espevitada, o uso da expressiva onomatopéia *tliquitó*, para definir o som resultante do seu toque.[108]

Pois se havia, assim, uma forma popular de interpretar modinhas a solo, com acompanhamento característico das violas simplificadas (chamadas de guitarras) por amadores conhecidos

---

[106] José Daniel Rodrigues da Costa, *Almocreve de Petas*, Parte CX ("Rocio, 23 de Junho"), tomo III da edição de Lisboa, 1819, cit.

[107] Em seu estudo As *"guitarras de Alcacer" e a guitarra portuguesa*, Lisboa, 1936, Mario de Sampaio Ribeiro observa que a guitarra dos fados só aparece citada expressamente em 1796 no *Estudo de guitarra em que se expoem o meio mais fácil, para aprender a tocar esse instrumento*, da autoria de Antonio da Silva Leite.

[108] A impressão de sons saltitantes, gerada pelo toque dessas violas rudimentares chamadas de guitarras, explicaria o emprego da expressão francesa "cliquetis", usada em 1582 por frei Felipe de Caverel, secretário do embaixador dos Estados de Artois junto ao rei Felipe II, para definir o som dos instrumentos populares ouvidos em Portugal; assim como explicaria, na Espanha — onde o instrumento equivalente era chamado de "guitarrilla" —, o emprego da onomatopéia tin-tin para distinguir a mesma sonoridade. A expressão aparece na ensalada de Flecha el Viejo (1481-1553) intitulada "La viuda": "Y del vulgo en general/ Me querello/ Porque tiende mas el quello/ Al tin-tin de la guitarrilla/ Que a lo que es maravilla/ Delicado" (a ensalada era uma composição poética ou musicada, caracterizada pelo uso de versos de diferentes medidas e estilos musicais, religiosos ou profanos).

pelo tin-tin dos seus *tliquitós*, e se entre tais modinhas correntes entre a gente popular das cidades portuguesas de fins do Setecentos eram tantas as identificadas como de autoria do poeta Lereno, não há como deixar de concluir que o mulato brasileiro Domingos Caldas Barbosa foi — com suas cantigas, modinhas e lundus — um autêntico compositor de música popular de tipo moderno em Portugal do século XVIII.

VIOLA
DE
LERENO:
COLLECÇÃO
DAS SUAS CANTIGAS,
OFFERECIDAS
AOS SEUS AMIGOS.
VOLUME I

BAHIA:
Na Typographia de Manoel Antonio da
Silva Serva.
Anno de 1813.
Com as licenças necessarias.

Primeira edição brasileira da *Viola de Lereno*, de Caldas Barbosa, pela Tipografia de Manoel Antonio da Silva Serra, Bahia, 1813 (exemplar pertencente à Biblioteca Guita e José Mindlin, São Paulo).

9.
ANTECIPAÇÕES POÉTICAS
DE UM TROVADOR POPULAR

Colocado na dupla posição de poeta cultor de formas neo-clássicas, enquanto membro da Nova Arcádia, e de cantor-com-positor de gêneros de música popular de origem brasileira (por ele mesmo introduzidos em Portugal) enquanto animador de as-sembléias, outeiros e saraus de salões lisboetas, Domingos Cal-das Barbosa salvou-se para a posteridade por virtudes desta se-gunda arte, julgada menor.

Realmente, foi a circunstância de praticar as duas linguagens opostas em seu tempo — a clássica, distanciada e fria, das elites, e a do "realismo popular", anunciador da tendência à simplici-dade picante própria das novas camadas dos grandes centros — o que permitiu resolver o dilema a seu favor: se a pobreza criati-va do poeta árcade Caldas Barbosa lhe reservava o esquecimen-to, o talento do singelo fazedor de versos para cantar ia garantir-lhe no futuro a glória de precursor.

Essa atitude de ambivalência assumida pelo poeta-modi-nheiro carioca só seria posta em relevo por historiadores de lite-ratura muito recentemente, com a publicação, em 1999, de mes-trado na Unesp de Assis, São Paulo, da professora fluminense Adriana de Campos Rennó, sob o título *Violando as regras: uma (re)leitura de Domingos Caldas Barbosa*, em que escrevia:

"O desenvolvimento material e cultural da bur-guesia portuguesa implantou, na sociedade da época, novos hábitos de sociabilidade, de convivência entre indivíduos, promovendo reuniões em piqueniques, se-rões animados pelas modinhas brasileiras e até mesmo sessões privadas de representação teatral. Esses novos

Domingos Caldas Barbosa   107

hábitos, ao que parece, permitiam a coexistência de duas modalidades culturais: a 'oficial' ou 'erudita', produzidas nas academias: e a 'não oficial' ou 'popular', circulante nas reuniões sociais informais e também em festas organizadas na própria Corte."[109]

Assim, ainda quando percebiam nos versos da *Viola de Lereno* o caráter de "letras" de gêneros de música popular cantada, mesmo nomes de relevo da crítica e historiografia literária, como o professor Antonio Candido, deixavam de considerar o fato de que não havia apenas um, mas dois Domingos Caldas Barbosa a serem apreciados. Resultado: cometiam o equívoco de confundir os dois no mesmo julgamento crítico, para uma conclusão necessariamente desfavorável aos méritos do poeta-compositor. No caso de Antonio Candido, essa contradição se revelaria no fato de, após salientar com razão que "Na verdade a *Viola de Lereno* não é um livro de poesias; é uma coleção de modinhas a que falta a música para podermos avaliar devidamente", ajunta logo que, mesmo acreditando no valor que a melodia pudesse acrescentar aos versos, o seu autor ainda assim não resistiria ao confronto com os "patrícios mais bem dotados".[110]

Realmente, assim colocada a questão, caberia a pergunta: que "patrícios mais bem dotados" seriam esses? Outros poetas

---

[109] Adriana de Campos Rennó, *Violando as regras: uma (re)leitura de Domingos Caldas Barbosa*, 1999, p. 37. O estudo, sob novo título de *A musa encomendada: Caldas Barbosa e a poética neoclássica*, e ampliado com um segundo volume de *Textos recolhidos* do poeta, serviria à autora para obtenção de doutorado na Universidade Estadual Paulista, de Assis, Estado de São Paulo, em 2001.

[110] Antonio Candido, *Formação da literatura brasileira*, vol. I, 5ª ed., 1975, p. 150. Em sua citação deste passo do texto de Antonio Candido à p. 50 de seu *Violando as regras*, cit., Adriana Rennó o faz de forma resumida, unindo diretamente a primeira à última frase do período transcrito, numa espécie de síntese de responsabilidade pessoal.

VIOLA
DE
LERENO:
COLLECÇAÕ
DAS SUAS CANTIGAS,
OFFERECIDAS
AOS SEUS AMIGOS.

FOLHETO I.

LISBOA,
NA TYPOGRAFIA ROLLANDIANA.
1 8 1 9.
Com Licença da Meza do Desembargo do Paço.

Vende-se em Casa do Editor F. B. O. de M. Mechas, no Largo do Cáes de Sodré, N. 3. A.

Exemplar do "Folheto I" da edição da *Viola de Lereno* de 1819 pela Tipografia Rolandiana, de Lisboa, em exemplar avulso para venda nas ruas por cegos e em "Casa do Editor".

brasileiros da época igualmente cantores e tocadores de viola, autores de "letras" de melhor qualidade literária que as de Caldas Barbosa?

Ora, se os outros "patrícios mais bem dotados" a que o professor se refere eram Basílio da Gama, Cláudio Manuel da Costa, Tomás Antonio Gonzaga, Santa Rita Durão, Silva Alvarenga e Alvarenga Peixoto, todos autores de versos para serem lidos, e não cantados, como estabelecer a comparação?

O mais curioso nessa espécie de cegueira crítica acadêmica é que, mesmo reconhecendo a existência dessa dupla linguagem praticada pelo Caldas Barbosa erudito enquanto árcade, e popular enquanto improvisador de cantigas e autor de modinhas e lundus, também a autora de *Violando as regras* insiste em seu livro no estabelecimento de "aproximação" entre os versos-letra de música da *Viola de Lereno* e os versos para serem lidos dos poetas Gonzaga e Silva Alvarenga. E tudo, naturalmente, para concluir pelo óbvio, ou seja, que enquanto "Gonzaga constrói uma poesia para ser lida e, por intermédio dos olhos degustada", Caldas Barbosa, ao adotar "utilização não convencional da linguagem e da estrutura poética", acaba por construir com as frases quebradas, linguagem coloquial e ritmo cantante "um composto banhado por alto grau de musicalidade, cujo resultado apela mais aos ouvidos que aos olhos do receptor".[111] Obviedade, aliás, que resulta igualmente da comparação entre os versos cantados de Caldas Barbosa e os literários de Silva Alvarenga:

> "Logo, podemos apontar uma diferença muito significativa nos estilos praticados pelos dois poetas, a qual determina dois produtos finais bastante distintos: enquanto Silva Alvarenga baseou-se numa tradição eminentemente literária para construir seus versos, Caldas Barbosa apropriou-se de ritmos musicais

---

[111] Adriana de Campos Rennó, *Violando as regras*, cit., p. 75.

e dançantes, aos quais sobrepôs versos sob a forma de letras de músicas."[112]

Assim, se ao contrário do que têm feito desde o século XIX historiadores e críticos literários, considerar-se que houve estilisticamente não um, mas dois Domingos Caldas Barbosa — um cultivador de formas do neoclassicismo horaciano, outro fazedor-improvisador de versos para cantar —, a avaliação do poeta-compositor se tornaria muito mais fácil e mais justa.

Em verdade, quando apreciado por sua produção de literato "oficial", Domingos Caldas Barbosa não resiste, de fato, à comparação não apenas com seus "patrícios mais dotados", mas ainda com vários de seus confrades portugueses, inclusive no âmbito da própria Nova Arcádia, que em 1790 ajudara a criar. Embora se possa citar em seu favor — como sugere Adriana de Campos Rennó — que mesmo enquanto poeta "oficial" e preso às "trovas impostas e requeridas pela retórica embasadora do discurso laudatório", Caldas Barbosa provoca "o ranger de suas estruturas", por meio do "extravasamento de traços individuais impróprios aos objetivos de que se imbuía não só o encômio, mas toda a poesia da Ilustração",[113] a verdade é que nessa esfera da poética erudita Caldas Barbosa não chegou jamais a alcançar em seus epitalâmios, cantos e epopéias o tom elevado, solene e neutro exigido por essas formas clássicas. No poema "A doença", por exemplo, que apresenta aparentemente como uma epopéia — deidades maléficas reúnem-se, por convocação da Fortuna, para punir a Bondade representada nos Vasconcelos e Sousa, através da desgraça

---

[112] *Idem*, p. 80. A autora ainda conclui, com brilho: "A musicalidade sugerida no rondó de Alvarenga é levada às últimas conseqüências por Barbosa, porque, com ele, as palavras dissolvem-se na música — em um, temos palavras musicadas; no outro, a música das palavras".

[113] Adriana de Campos Rennó, *A musa encomendada: Caldas Barbosa e a poética neoclássica*, vol. I da tese de doutorado, cit., p. 118.

de seu protegido (o próprio Caldas Barbosa) —, toda a reminiscência do maravilhoso do gênero dilui-se numa rasteira narração burguesa, em que o herói é acometido de um tumor, e salvo pela intervenção poderosa da Saúde, mas representada por um cirurgião salvador. Nos sonetos, tanto nos encomiásticos quanto nos de expressão pessoal, o poeta também não chegava a escapar de certa linearidade, caracterizada pelo estrito apego ao discurso retórico "oficial" nos primeiros, e pela conformação ao modelo neoclássico nos segundos, em que expunha quase sempre desilusões e desgraças pessoais.

Assim, onde o poeta Domingos Caldas Barbosa ia poder contribuir em seu tempo com algo pessoal e original, seria na parte julgada menor da sua produção, ou seja, a dos versos em redondilhas destinados a tornarem-se "letras" de cantigas, modinhas e lundus que divulgava cantando a acompanhando-se em sua viola de arame. Neste sentido, basta o impacto causado em Portugal pelas novidades brasileiras da modinha e do lundu, por ele introduzidas desde meados de 1760 até o fim do século (primeiro em Coimbra e região do Entre Douro e Minho, depois em Lisboa e cidades da Estremadura), para comprovar o seu papel de precursor no lançamento dos dois primeiros gêneros de canto urbano caracterizadores do que se convencionaria denominar modernamente de música popular.

Na parte poética representada pelos versos das suas composições enfeixadas nos dois volumes da *Viola de Lereno*, nada havia na literatura do tempo que se comparasse à naturalidade com que o mulato brasileiro usava o tom coloquial e direto, naquele seu "versejar para as mulheres", desde logo antecipador da linguagem pessoal a ser instaurada pelo romantismo. Nesse sentido, os versos cantados de Domingos Caldas Barbosa serviam mesmo para marcar o momento de libertação do eu-lírico das amarras normatizadoras do neoclassicismo, por meio da afirmação do sentimento pessoal, com tudo o que podia incluir "de suspiros, de requebros, de namoros refinados, de garridices...", como atestava com susto conservador o erudito moralista Antonio Ribeiro dos

112   José Ramos Tinhorão

Santos. De fato, que outro poeta — e não apenas em língua portuguesa, até prova em contrário — ousou naqueles distantes do Setecentos introduzir em seus versos o recurso da onomatopéia, como faria Caldas Barbosa em suas cantigas do "Coração não gostes dela, que ela não gosta de ti"?

"Coração, que tens com Lília?
Desde que seus olhos vi,
Pulas, e bates no peito,
Tape, tape, tipe ti;

Coração, não goste dela
Que ela não gosta de ti."[114]

Recurso de onomatopoese repetido, aliás, em seu "Zabumba", rememorativo da vida militar, em que usava o som do tambor, nos estribilhos repetidos como um contraponto de lembranças marciais — "Tan, tan, tan, tan Zabumba/ Bela vida Militar". A originalidade do poeta-compositor brasileiro não se resumia, porém, no emprego de recursos extraliterários evocativos de sons, mas na concepção da própria estrutura do poema-letra, que podia assumir — como nas cantigas do "Recado" — o caráter de uma conversa imaginária com a amada, em solilóquio, e já pela sabida ausência de respostas transformado num diálogo interior:

"Ora adeus, Senhora Ulina:
Diga-me, como passou;
Conte-me, teve saudades?

Não, não;
Nem de mim mais se lembrou

---

[114] Domingos Caldas Barbosa, *Viola de Lereno*, Rio de Janeiro, Imprensa Nacional, 1944, 1º volume, p. 93.

Domingos Caldas Barbosa

....
Era bom o seu Burrinho,
Ou somente a pé andou?
Lembrou que lhe dava o braço?

Não, não,
Nem de mim mais se lembrou."[115]

Aliás, sem conhecer talvez a antiguidade do modelo — por sinal já usado por Camões no século XVI —, Caldas Barbosa não deixaria também de usar em suas cantigas a forma do ABC, que consistia em alinhar os versos com as letras iniciais seguindo a ordem alfabética. Segundo o erudito registro de Luís da Câmara Cascudo em seu *Dicionário de folclore*, a fórmula da disposição das estâncias de versos seguindo o alfabeto fora usada já no século IV por Santo Agostinho, ao atacar em 393 o cisma dos donatistas com uns "Psalmos abecedarius", assim chamados por suas vinte estrofes abrirem sempre com a primeira letra acompanhando o alfabeto.

Em seu "A.B.C. do Amor", o poeta-improvisador-intérprete brasileiro adota como disposição para seus versos a fórmula original de, após a quadra de abertura em versos de quatro sílabas, passar a dispor a seqüência das letras obrigada a pares de versos, sendo o primeiro de três sílabas e o segundo de quatro. Isto tudo entremeado de um estribilho de quatro sílabas repetido a cada três letras ou pares de versos:

"Uma Menina
Quer que eu lhe dê

---

[115] Domingos Caldas Barbosa, *Viola de Lereno*, cit., 1° volume, pp. 8-9. Note-se que, no século XVIII, ainda se usava a palavra *adeus* como saudação ao encontrar-se pessoa conhecida, e não apenas na despedida, como se convencionaria depois.

Lições de Amores
Por A. B. C.

A. — É amante
Não ardilosa;

B. — É benigna
Não buliçosa;

C. — É constante
Não curiosa

Tome, Menina,
Lição gostosa

Uma Menina
Quer que eu lhe dê
Lições de Amores
Por A. B. C."[116]

Mais surpreendente, porém, é que em plena segunda metade do século XVIII, quando não consta que houvesse qualquer preocupação com o conhecimento das fontes da lírica galaicoportuguesa, Caldas Barbosa abre uma de suas composições, "Retrato da minha linda pastora", com um imprevisto eco da poesia galego-portuguesa: a da imagem da fonte fria, tão cara aos poetas trovadores das cantigas de amigo:

"Verdes campos, fonte fria,
Fundo vale, altos rochedos,

---

[116] Domingos Caldas Barbosa, *Viola de Lereno*, cit., 1º volume, p. 159. Este "A.B.C. do Amor" consta também da coleção "Cantigas de Lereno Selinuntino", do acervo da biblioteca do Gabinete Português de Leitura, do Rio de Janeiro. A fórmula da disposição alfabética dos versos foi adotada no século XIX pelos cantadores do Nordeste brasileiro e, logo, do Centro-Sul, inicialmente em histórias contadas/cantadas em quadras e, depois, em sextilhas.

Domingos Caldas Barbosa

De quem amantes segredos
Lereno aflito confia."

Era, na verdade, a idéia da "fria fontana" a servir de referência idílica a lembrança de amores, a que mais de uma vez se referiria em seus versos, por exemplo, o trovador Pero Meogo:

"— Digades, filha, nha velida,
Porque tardastes na fontana fria?
'Os amores ey'."

(*Cancioneiro da Vaticana*, n° 792)

"Levou-se a louçana
Levou-se a velida;
vai lavar os cabelos
na fontana fria

Leda dos amores
dos amores leda."

(*Cancioneiro da Vaticana*, n° 793)

Nos versos mais despretensiosos das cantigas do mulato brasileiro, aliás, não despontavam apenas ecos do secular lirismo tradicional que os portugueses passariam aos brasileiros, mas até mesmo imprevistas antecipações da poesia do século XX, segundo revelado na obra de poetas portugueses fiéis ao substrato popular das redondilhas. Ante a cantiga de Caldas Barbosa "Vou morrendo devagar", que abre com os versos:

"Eu sei, cruel, que tu gostas,
Sim, gostas de me matar;
Morro, e por dar-te mais gosto,
Vou morrendo devagar;
....",

não há como deixar de lembrar a pequena canção da série das "Tristes cantigas de amor" de Antonio Botto, com seus versos igualmente evocadores da morte insinuosa e lenta a que o amor sem esperança conduz:

"Não me peças mais canções
Porque a cantar vou sofrendo;
Sou como as velas do altar
Que dão luz e vão morrendo."

Aproximação de imagem que se reforça ante a opção dos dois poetas de usar a idéia central da fidelidade do amor até o fim, como um bordão repetido no fecho do poema. Em Caldas Barbosa com certo requinte masoquista diante do inevitável:

"Eu gosto de morrer por ti,
Eu gosto ver-me expirar.
Como isto é morte de gosto,
Vou morrendo devagar."

Em Antonio Botto a mesma idéia, mas com a melancólica compreensão da inutilidade da luta contra o inevitável:

"Se a minha voz conseguisse
Dissuadir essa frieza
E a tua boca sorrisse!
Mas sóbria por natureza
Não a posso renovar
E o brilho vai-se perdendo...
— Sou como as velas do altar
Que dão luz e vão morrendo."

Coincidência de visão poética quase certamente explicável pelo apego dos dois poetas — um no século XVIII, outro no XX — a um substrato lírico tão antigo que já podia ser ouvido, in-

Domingos Caldas Barbosa

clusive, na poesia palaciana dos trovadores de fins do Quatrocentos. Apego ao espírito popular que permitiria a Caldas Barbosa referir-se à significação psicológica de certos silêncios entre os amantes com os versos:

"O meu bem quando eu lhe falo
Não me diz, nem não, nem sim,
Mata-me esta indiferença
Tenham todos dó de mim."

O mesmo silêncio que, na canção de Antonio Botto, parece nascer não da indiferença, mas da incerteza no futuro das afeições quando surge um "até quando?":

"Meu amor na despedida
Nem uma fala me deu:
Deitou os olhos ao chão
Ficou a chorar mais eu."[117]

Mais surpreendente, talvez, seja a aproximação de Caldas Barbosa com outro poeta português do século XX, Fernando Pessoa, e já agora a envolver o recurso da duplicação da personalida-

---

[117] A citação dos versos de Caldas Barbosa e de Antonio Botto é conforme, respectivamente, a edição de 1944 da *Viola de Lereno*, cit. — 1º vol., p. 16; 2º vol., p. 187 —, e de *As canções de António Botto*, 1999, pp. 175 a 174. No caso da última canção de Antonio Botto citada, a aproximação com o espírito da lírica tradicional portuguesa revivida por Caldas Barbosa no século XVIII é ainda mais surpreendente na coincidência dos versos do poeta do século XX com os de outro autor popular setecentista: José Daniel Rodrigues da Costa. É que este contemporâneo de Caldas Barbosa, especialista em entremeses e folhetos de cordel humorísticos, na parte XXXII da sua série *Almocreve de Petas* atribuía a seu moço, ou criado, a quadra que — dizia — "não deixa de ter seu sabor: 'O meu bem na despedida/ Não fez mais que suspirar,/ Apertou-me a mão no peito,/ Nem mais um ai pôde dar'" (*Almocreve de Petas*, reedição, 1819, parte XXXII, p. 5).

de, numa espécie de anamnese para efeito literário. É que, ainda na segunda metade do século XVIII, o poeta brasileiro escrevia em uma das quadras de suas cantigas intituladas "Inda sou teu":

"A mim já não me pertenço;
Nem eu mesmo já sou meu,
Amor fez, que teu eu fosse,
Por amor inda sou teu",

o que valia por uma antecipação de meio século a uma das "Quadras ao gosto popular (1907-1935)", em que Fernando Pessoa diria:

"Tenho um desejo comigo
Que me traz longe de mim,
É saber se isto é contigo
Quando isto não é assim",

ou, ainda, à quadra de 1932 da série "O peso de haver o mundo", do Cancioneiro (1908-1935), em que reforçava a mesma imagem da duplicação do eu, antecipada por Caldas Barbosa:

"Nada que sou me pertence,
Se existo em que conheço
Qualquer cousa que me vence
Depressa o esqueço."[118]

Onde, porém, a originalidade de Domingos Caldas Barbosa se revelaria no século XVIII de forma definitiva, seria no apro-

---

[118] As citações dos versos em confronto de Domingos Caldas Barbosa e Fernando Pessoa são conforme, respectivamente, o 1º vol. da *Viola de Lereno*, ed. de 1944, cit., p. 53, e da "Primeira parte — A poesia ortónima lírica e dramática" do volume *Fernando Pessoa: obra poética e em prosa* — Vol. I: *Poesia*, 1986, pp. 337 e 529.

Domingos Caldas Barbosa

veitamento de expressões da linguagem coloquial, à época tão impregnada, na área popular, de palavras de origem africana, não apenas no Brasil, mas também em Portugal.[119] Isso ficaria claro principalmente no segundo volume da coletânea de seus versos, que ainda sob o título de *Viola de Lereno* reunia, além de cantigas, várias de suas modinhas e lundus.

É de se imaginar, hoje, o efeito causado em um tempo em que Filinto Elysio pregava o ideal aristocrático de um purismo lingüístico e arcaizante, tiradas de um plebeísmo à brasileira, como as dos versos das cantigas "Esquecimento":

"Gentes, que é isso?
Você não fala?
Porque se cala,
Quando me vê."[120]

Ao que tudo indica, aliás, Domingos Caldas Barbosa, tão obediente às regras da linguagem erudita em seus textos "oficiais", parecia nos versos de sua produção "popular", para ser cantada, divertir-se um pouco com o impacto que sabia poder causar com o emprego de certas palavras estranhas à fala comum de Portugal. Em seu "Lundum de cantigas vagas", por exemplo, além de dirigir-se a um Xarapim — que tanto podia ser algum homônimo (xará), quanto um bom companheiro (tal como se usa hoje na expressão "meu chapa", tão indicativo de possível apócope de xarapim) —, o poeta comprazia-se em alinhar neologismos e expressões coloquiais normalmente só compreensíveis no Brasil. Para dizer que a lembrança do amor deixava-o triste, escrevia "Veio Amor dar-me na cuia", no sentido de ocupar-lhe o

---

[119] Sobre este particular ler, do autor, o capítulo "Contribuição negro-africana para o vocabulário português" de seu livro *Os negros em Portugal: uma presença silenciosa*, cit.

[120] Domingos Caldas Barbosa, *Viola de Lereno*, cit., 2º vol., p. 165.

pensamento, porque na gíria brasileira cabeça é cuia (quando não é coco). Ao dizer "Não aturar mais tanta arenga", usava a palavra própria para discurso cansativo, ou lengalenga, no sentido de intriga, falatório ou mexerico. E como quem é vítima de tais murmurações sente a cabeça como que esmagada numa moenda, escrevia que seu "gênio deu à casca/ Metido nesta moenga" (moenga por moenda, variante ainda não registrada em dicionários). Tal incômoda sensação provocada pelo amor que o ralava ("Anda por dentro de mim/ De noite e dia a ralar"), sentia-a até mesmo nas entranhas, tão mexidas — dizia — "Qu'estou todo feito angu" — a massa de farinha que ganha consistência escaldada ao fogo. Quanto ao coração, sujeito a tal sentimento, sentia-o Caldas Barbosa "Mais mole que quimgombó", ou seja, do que quiabo depois de cozido. Muito brasileiramente, o poeta denominava, ainda nas "cantigas vagas" (ou quadras soltas) de seu lundu, a rapariga de nhanhá, e seu rapaz de nhónhó (brasileirismos derivados de expressão de tratamento respeitoso que os africanos davam aos brancos, depois simplificados nas formas iaiá e ioiô). Tudo para terminar anotando — com requintes de maliciosa observação psicológica escondida em linguagem popular — que certos meneios ou dengues (chulices) da nhanhá afetavam promessa de carícias tão doces como o quindim (o doce feito de gema de ovo, coco e açúcar, que se dissolve na boca), mas na verdade queimavam tanto "Como queima a malagueta" (a ardidíssima pimenta usada como tempero).[121]

Sobre tal disposição de chocar seu público europeu com tantos brasileirismos idiomáticos, Domingos Caldas Barbosa ousava ainda empregar expressões da fala popular declaradamente em choque com as regras gramaticais, como quando, em lugar do pronome oblíquo, usava o caso reto, escrevendo o plebeu *com eu* em vez do vernáculo comigo:

---

[121] Todas as expressões citadas estão no "Lundum de cantigas vagas", às pp. 14 a 16 do 2º vol. da *Viola de Lereno*, cit.

Domingos Caldas Barbosa

"Quem terá de mim piedade
Eu peço socorro ao Céu;
Que para tudo me ir mal
Meu bem está mal com eu."[122]

E isso ao lado da adoção de transcrição fonética de palavras conforme a fala brasileira, que fazia em Portugal, por exemplo, a expressão "danças de lá" soar na dicção transcrita por Caldas Barbosa como "danças *di* lá":

"Pois segue a nhanhá portuguesa as danças di lá
Os di lá deve querer;
E se tem de lá melindres
Nunca tenha malmequer."[123]

Nesse mesmo "Lundum em louvor de uma brasileira adotiva", aliás, Domingos Caldas Barbosa promove a certa altura um jogo de palavras com o africanismo *lundum*, cujo verdadeiro sentido, hoje, só um especialista na história da música popular brasileira é capaz de desvendar. Realmente, o que estaria o poeta-compositor brasileiro a querer dizer com os versos da quadra

"Este Lundum me dá vida
Quando o vejo assim dançar;
Mas temo se continua,
Que Lundum me há de matar.

Ai lembrança
Amor me trouxe o Lundum
Para meter-me na dança"?

---

[122] "Meu bem está mal com eu", *in Viola de Lereno*, cit., 2º vol., p. 45.

[123] "Lundum em louvor de uma brasileira adotiva", *in Viola de Lereno*, cit., 2º vol., p. 54.

A explicação é a seguinte: tal como o autor deste livro demonstrou em sua *História social da música popular brasileira* (Lisboa, Editorial Caminho, 1990; São Paulo, Editora 34, 1998), a palavra *lundu* vem de *calundu*, dança ritual religiosa africana — às vezes chamada de lundu — que induz a um estado de possessão do mesmo nome. E a prova estava em que, desde fins do Seiscentos, já na Bahia o poeta Gregório de Matos Guerra mostrava um padre maganão a zombar da possessão de sua amante pela tal entidade dos calundus, comentando: "que lhe dava [o padre] dos lundus/ se é mais que os lundus magano?". Daí viria dizer-se, mais tarde, estar alguém "com seus lundus", quando ensimesmado ou possuído de profunda tristeza ou melancolia.

Assim, o que Caldas Barbosa indicava ao ver uma portuguesa a dançar tão bem o lundu de sua terra era temer que a emoção do espetáculo o levasse a ser possuído pelo feitiço do calundu ou lundu. É que o sentimento amoroso decorrente do fascínio com que via a moça portuguesa no lundu, certamente o levaria a cair na dança, isto é, a sofrer as doloridas conseqüências de quem se envolve com o feitiço do amor.

E ao lado de tantas sutilezas de linguagem, Caldas Barbosa era ainda capaz de desafiar a seriedade da boa construção discursiva, ao transformar em verbo da terceira pessoa do singular o que na formação dos advérbios de modo é simplesmente um sufixo, apenas para obter um segundo sentido de efeito trocadilhesco:

"Escutai, pobres amantes,
Um amante experiente,
A mulher que diz que ama
Certamente mente, mente."[124]

---

[124] "Conselhos", *in Viola da Lereno*, cit., 2° vol., p. 161. Em seu desprezo pelas boas regras lingüísticas, Caldas Barbosa chegaria em suas cantigas do "Retrato de Marília" (obra e vol. cit., p. 25) a propor — e aqui com declarado mau gosto — a tradução literal da expressão francesa *chef-d'oeu-*

Pois se a estas liberdades lingüísticas em versos feitos para serem cantados, se pensa na novidade do ritmo básico com que Domingos Caldas Barbosa os acompanhava musicalmente à viola — a constância tão popular e brasileira da repetição das síncopas —, pode-se compreender a irritação de eruditos como Antonio Ribeiro dos Santos, mas também a grande popularidade alcançada em Portugal pelo poeta-compositor brasileiro.

---

vre pelo neologismo "chefe de obra": "Se és Marília um chefe d'obra/ D'apurada Natureza,/ Debalde tua beleza/ Eu queria copiar".

10.
CALDAS BARBOSA AUTOR DE TEATRO

Com a retirada do apoio à Nova Arcádia pelo conde de Pombeiro em 1794, em represália ao destemperado ataque de Bocage à instituição — que dizia presidida por "neto da Rainha Ginga" e integrada por "corja vil, aduladora, insana", e a cujo protetor chamava de "fofo Conde" —, Domingos Caldas Barbosa ia retomar uma experiência isolada de 1790, lançando-se como "compositor" em novo campo: o do teatro popular.[125]

O teatro dos entremeses, que sob esse nome dava continuidade à antiga tradição dos autos vicentinos seiscentistas, descidos pelo correr do século XVI das salas dos paços ao ar livre dos pátios, para só então voltar ao ambiente fechado das salas — agora burguesas —, alcançava de fato seu auge por aquela virada das décadas de 1780-1790, marcando a vitória do chamado teatro de cordel.

Realmente, com o fechamento dos teatros desde o terremoto de 1755 até 1760 e, depois, pela morte de d. José I, em 1777, reduzira-se a vida teatral em Lisboa (apesar da criação em 1771 de um órgão de supervisão dos teatros públicos) a uma alternân-

---

[125] Compositor era o nome que se dava nos meios do teatro português do Setecentos aos autores de textos de peças, como demonstra a fala de abertura do entremez "Anatomia cômica", de José Daniel Rodrigues da Costa: "Gelásio — Não sei como há-de ser! Vejo-me doido; por uma parte, os compositores com empenhos para lhes aceitar as obras; pela outra os cômicos desesperados porque não prestam muitas" (6 *Entremezes de Cordel*, José Daniel Rodrigues da Costa, s/d, p. 33).

Domingos Caldas Barbosa

cia entre a representação de peças estrangeiras no teatro da rua dos Condes, e de produção nacional no Teatro do Bairro Alto.

Ainda assim, por esses anos de 1770, a crescente produção de pequenas peças — comprovada pela profusão de títulos editados em folhetos de cordel — indicava tal interesse do público de Lisboa por esse tipo de teatro popular, que em 1782 ia inaugurar-se, finalmente, um espaço destinado a tornar-se o palco por excelência do gênero do entremez: o Teatro do Salitre.

Para o poeta brasileiro Domingos Caldas Barbosa, tão ligado ao gosto popular por seu talento particular de improvisador de versos para cantigas, modinhas e lundus, essa onda de interesse das maiorias pelo chamado teatro de pequenas peças aparecia como um novo campo aberto a suas possibilidades criativas.

A oportunidade para a ampliação de seus horizontes artísticos, aliás, chegava em bom momento, pois, agora, Caldas Barbosa já não reinava sozinho com suas modinhas nas salas dos grandes de Lisboa, pois tinha que dividir o sucesso não apenas com o êmulo português Vidigal — o temperamental Manuel José Vidigal, autor da famosa modinha "Cruel saudade" —, mas com outro brasileiro mulato e talentoso como ele, o tocador de cavaquinho-compositor Joaquim Manuel da Câmara.

Joaquim Manuel (que ia voltar ao Brasil com a retirada da corte portuguesa para o Rio de Janeiro, ante a invasão francesa comandada pelo general Junot, em 1808) estava destinado realmente a ver seu nome ligado ao do patrício Caldas Barbosa, pois na biografia do famoso intendente Pina Manique (responsável pelo controle policial, inclusive das idéias políticas, de fins do século XVIII a inícios do XIX) assim escreveria Eduardo de Noronha, ao lembrar as sátiras de Bocage ao poeta Lereno:

> "Ao adusto poetastro [Caldas Barbosa] adicionara-se um colega patrício, Joaquim Manuel, mulato que vincou nome na boêmia da ocasião, o *Orfeu da carapinha*, na pitoresca linguagem de Bocage. Esses dois, segundo afirma Oliveira Martins '... deram ao lundum

um acento libidinoso como ninguém'. As toadas vindas da Terra de Santa Cruz, ao sopro sensual dos dois pardos menestréis, tornaram-se mais capitosas que o beijo ardente de uma bacante, e impeliram muitas Evas a morderem o fruto proibido."[126]

O agrado das apresentações de Joaquim Manuel junto ao público feminino de Lisboa ficaria atestado, aliás, no ciúme demonstrado pelo vaidoso poeta Bocage, que em soneto de rasteira agressividade não perdoaria ao mulato brasileiro conseguir mais aplausos do que ele nos saraus em que se acostumara a brilhar sozinho. Nesses versos, incluídos na coletânea de suas obras completas com o título de "A um célebre mulato Joaquim Manuel, grande tocador de viola e improvisador de modinhas", Bocage não escondia constituir motivo de seu ódio o fato de "néscias" aplaudirem os "nadas harmônicos" das modinhas com que o brasileiro as encantava "com parda voz":

"Esse cabra ou cabrão, que anda na berra,
Que mamou no Brasil surra e mais surra,
O vil estafador da vil bandurra,
O perro, que nas cordas nunca emperra:

O monstro vil, que produziste, oh Terra,
Onde narizes Natureza esmurra,
Que os seus nadas harmônicos empurra,
Com parda voz, das paciências guerra;

O que sai no focinho à mãe cachorra,
O que néscias aplaudem mais que a 'Mirra',
O que veio de prosápia forra;

O que afina ainda mais quando se espirra,

---

[126] Eduardo Noronha, *Pina Manique: o Intendente do Antes Quebrar...*, s/d, p. 103.

Merece a filosófica pachorra
Um corno, um passa-fora, um arre, um irra."[127]

Tal como nos ataques a Caldas Barbosa, o que mais irritava o satírico Bocage no sucesso de Joaquim Manuel era comprovar que as mulheres portuguesas pudessem encantar-se mais com a arte de brasileiros da colônia descendentes de negros do que com os versos dos brancos europeus, apenas já por tal condição merecedores de serem julgados superiores. E tal idéia de fundo racial aparecia na escolha de expressões capazes de acentuar sempre a admitida inferioridade dos competidores: o artista capaz de agradar o público por sua qualidade de intérprete de viola ou cavaquinho era "vil estafador de vil bandurra", o "perro que nas cordas nunca emperra" era "monstro vil" por indicar ascendência africana no nariz achatado ("Terra,/ onde narizes Natureza esmurra"), e que por isso "sai no focinho à mãe cachorra", o que justificava a ofensa do espirro evocador da catinga atribuída aos negros.

Esse Joaquim Manuel, tão maltratado por Bocage, era no entanto o mesmo que o italiano Adrien Balbi definiria em seu *Éssai statistique sur le Royaume de Portugal et d'Algarve*, de 1822, como um "mulâtre de Rio de Janeiro, donné d'um rare talent pour la musique". E certamente não sem verdade, pois apenas dois anos depois, em 1824, o músico austríaco Sigismund Neukomm harmonizaria em Paris vinte modinhas desse mesmo Joaquim Manuel, conforme descobriria em 1951 o pesquisador Mozart de Araújo ao manusear o manuscrito "20 Modinhas Portuguezas/ por Joaquim Manuel/ da Câmara/ notées et arrangés avec/ acct. de Pft/ par S. Neukomm", catalogado no Departamento de Música da Biblioteca Nacional de Paris sob o número 7699/36.[128]

---

[127] *Apud* Hernâni Cidade, *Bocage, a obra e o homem*, Lisboa, Arcádia, 1980, pp. 149-50.

[128] Mozart de Araújo, que já se referia a sua descoberta no livro *A modinha e o lundu no século XVIII*, de 1963, voltaria ao tema com mais por-

O mais curioso é que essa descoberta de composições de Joaquim Manuel — que segundo testemunho do viajante francês Freycinet, que o ouvira deliciado no Rio de Janeiro entre 1817 e 1820, "não é capaz de ler ou escrever uma linha de música" — permitiria surpreender uma parceria entre esse autor merecedor da atenção de Neukomm e Domingos Caldas Barbosa. É que, conforme destacava o pesquisador Mozart de Araújo, a letra da modinha sob nº 9 da série de "Modinhas Portuguezas", intitulada "Melancolia", abre aproveitando a terceira quadra das cantigas de Domingos Caldas Barbosa intituladas "Lereno melancólico". A reprodução é feita com algumas variantes, talvez para melhor adequação à melodia, pois Joaquim Manuel altera os dois primeiros versos da quadra do "Lereno melancólico", que diz:

"Logo ao dia de eu nascer
Nesse mesmo infausto dia,
Veio bafejar-me o berço
A mortal melancolia",

abrindo sua modinha "Melancolia" com os versos:

"Desde o dia em que eu nasci,
Naquele funesto dia,
Veio bafejar-me o berço,
A cruel melancolia."[129]

menores em comunicação publicada pela *Revista Brasileira de Cultura*, ano I, nº 1, setembro de 1969, e imprensa em separata no mesmo ano sob o título *Sigismund Neukomm, um músico austríaco no Brasil*, que serve às presentes citações.

[129] Citação da quadra de Joaquim Manuel *apud* Mozart de Araújo à p. 2 da separata *Sigismund Neukomm, um músico austríaco no Brasil*, cit. A quadra do "Lereno melancólico", a terceira da série de 21 cantigas sob esse título, é citada conforme aparece no folheto nº 5 do 1º volume da coletânea *Viola de Lereno*.

Domingos Caldas Barbosa

A verdade é que, apesar da repercussão desse seu lado de improvisador e autor de versos para cantar, o brasileiro Caldas Barbosa se defrontava, após a dissolução da Nova Arcádia, com uma espécie de incômoda interrupção de sua carreira de poeta "oficial". E como suas incursões pela prosa haviam-se limitado, até então, à descrição das figuras e carros alegóricos do desfile de inauguração da estátua eqüestre de d. José I em 1775 (sua *Descrição da grandiosa quinta dos senhores de Bellas, e notícia do seu melhoramento* só viria um ano antes de sua morte, em 1799), a perspectiva de escrever para o teatro popular aparecia como uma solução ideal. As peças — embora solicitadas por encomenda de atores do Teatro de São Carlos, cujo maestro se encarregava da música — destinavam-se a um público curioso do "popular" e, portanto, certo de contar com cantorias amorosas ou engraçadas.

A primeira experiência de Caldas Barbosa como "compositor" de teatro foi episódica, e aconteceu por sinal no mesmo ano da criação da Academia de Belas Letras, a Nova Arcádia. Resultado, quase certamente, da grande repercussão causada pelo aparecimento do Teatro do Salitre, em 1782 (onde se encenaram sete peças, apenas nesse ano), esse primeiro experimento dramático do poeta brasileiro — o drama jocoso em dois atos *Os viajantes ditosos*, em versos — não trazia, muito significativamente, a sua assinatura.[130] Caldas Barbosa, que logo seria o acadêmico Lere-

---

[130] *Os Viajantes Ditosos. Drama Jocoso em Musica para se representar no Theatro do Salitre no anno de 1790*. Lisboa, Na Officina de Jose de Aquino Mulhões. Anno... M. D. CC. XC. [1790]. Com licença da Real Meza da Comissão Geral Sobre o Exame, e Censura dos Livros. Música do maestro Marcos Antonio [Marcos Portugal], cenários do "mestre pintor" Gaspar José Raposo, vestuário do alfaiate do próprio teatro, Antonio Francisco. Segundo informação de Albino Forjaz de Sampaio em seu catálogo *Teatro de cordel*, como desde 1780 estava proibida a inclusão de mulheres nos elencos das companhias de teatro (os papéis femininos eram representados por homens, por meio dos chamados *disfarces*), a figura da personagem Betina, "1ª dama, moça alegre e mulher de Janeto", ficaria a cargo do ator Vitorino José Leite, especialista em travestis.

no Selinuntino, demonstrava não abdicar da sua condição de poeta, assim como não arriscava comprometer seu nome com um tipo de obra destinada a figurar ao lado de entremeses como o da "nova e graciosa pessa" *As convulsões e desmaios, e disgostos, de huma peralta da moda, na infausta morte do seu cãozinho, chamado Cupido*, anunciada em 1784 como "Obra célebre, divertida e de gosto a todas as apaixonadas pelos ditos dengues".

A prova de que havia muito de preconceito em alguém que se julgava reconhecido como poeta escrever peças populares em Portugal, por aquele despontar da última década do Setecentos, está em que, enquanto durou a respeitável experiência da Nova Arcádia, Domingos Caldas Barbosa esqueceu o teatro. E, realmente, só viria a retomar a experiência em 1793, e, ainda assim, para atender a pedido do respeitado cantor da Companhia Italiana de Teatro, Domingos Caporalini, que desejava um texto à altura das exigências do público de elite do Teatro de São Carlos. Seria peça a ser representada na noite de seu "benefício", e que o ator pretendia dedicar "em sinal da sua gratidão ao obséquio dos generosos senhores portugueses". Ao subir à cena essa "pequena farça Dramatica" intitulada *A saloia namorada, ou O remédio é casar*, porém ainda uma vez não aparecia na capa o nome do autor, só se sabendo ser ele o poeta brasileiro pela indicação à página 4 do folheto impresso: "A Composição do Drama he de Lereno Salenciantino [sic], Socio da Arcadia de Roma".[131]

---

[131] *A Saloia Namorada, ou O Remédio he Casar: pequena farça Dramatica que em sinal da sua gratidão ao obsequio de numerosos senhores portuguezes offerece, e dedica no dia de seu beneficio Domingos Caporalini, e Miguel Cavanna. Representada por elles, outros sócios da Companhia Italiana no Theatro de S. Carlos.* Anno de 1793. Lisboa MDCCXC [1793]. Na Offic. de Simão Thadeo Ferreira. Com Licença da Real Meza da Commissão Geral sobre o Exame, e Censura dos Livros. Vinte e duas páginas, com indicação dos personagens na p. 3, e do autor do texto — "A Composição do Drama he de Lereno Salenciantino, Socio da Arcadia de Roma" — e da música — "A Musica he do Senhor Antonio Leal Moreira, Mestre do Real Seminario de Lisboa", na p. 4.

Domingos Caldas Barbosa

O fato de a estréia de Domingos Caldas Barbosa como autor de "pequenas farças" no Teatro do Salitre em 1790 ter sido ocasional (pois seus três trabalhos posteriores, a partir de 1793, iam subir à cena, todos não mais perante um público predominantemente popular, mas composto pela gente "mais elevada" freqüentadora do Teatro de São Carlos) mostra também na área teatral a posição de igual ambivalência a que o brasileiro se sujeitava no campo da poesia.

Embora a forma escolhida para essas obras teatrais fosse a das pequenas "peças cômicas" no estilo dos entremeses, o fato de os textos resultarem sempre de encomendas de gente ligada ao Real Teatro de São Carlos, e representados por "sócios da Companhia Italiana" da mesma casa, obrigaria por certo Caldas Barbosa a levar em conta as conveniências de tal público, quem sabe quantas vezes em prejuízo de liberdades a que seu lado popular pudesse conduzir. A ambigüidade resultante de tal posição ia de qualquer forma aparecer de maneira clara na parte musical de suas composições cantadas em cena, pois o que o "compositor" escrevia para seus personagens interpretarem, passava pelo crivo dos arranjos (ou até criação das próprias melodias) dos maestros de escola de teatro, como Leal Moreira e Marcos Portugal.

Neste sentido da aproximação com a espontaneidade dos entremeses realmente populares — considerando que sua última produção para o teatro, em 1795, seria a tradução do "drama jocoso" *La scuola de gelosi*, representada por atores italianos — o trabalho mais solto e português de Caldas Barbosa seria sua terceira peça para o Teatro de São Carlos: o drama joco-série *A vingança da cigana*, de 1794.

Apesar de, ainda uma vez, classificado de "drama joco-série", quando constituía um típico entremez, *A vingança da cigana* já trazia a indicação da autoria na capa do folheto — "A Poesia he de Lereno Selinuntino Arcade Romano" —, embora indicando sempre, na parte musical, a dependência do autor ao maestro oficial do São Carlos, "Sr. Leal Moreira, Mestre do Real Seminario, e do mesmo Teatro". E, afinal, a despeito de todo o cli-

132   José Ramos Tinhorão

ma popular e lisboeta da história, a envolver namoros de uma cigana vendedora de agulhas, um barbeiro, um cabeleireiro Pierre (de nome francês e fala de italiano), uma viúva disposta a casar e um negro folgazão ajudante de barqueiro —, todo o elenco era de italianos.

Lido na atualidade, mais de duzentos anos depois da estréia no Real Teatro de São Carlos, o drama joco-sério de Domingos Caldas Barbosa revela a impressionante atualidade do humor popular da tradição do teatro vicentino, de que os entremeses não apenas se mostravam herdeiros, mas vinham acrescentar, com seu realismo e seus tumultos cênicos, uma contribuição nova às futuras comédias brasileiras de Martins Pena, e que o teatro de revista se encarregaria de fazer passar do Oitocentos para o século XX.

Como não podia deixar de ser, tratando-se de Domingos Caldas Barbosa, seu entremez disfarçado de "drama joco-sério", em atenção à qualidade do público mais bem-educado a que se dirigia, é pontilhado de breves intermezzos cantados, não apenas a solo — como na ária "Vede Napoli, e poi mori", da cena II —, mas em coro de vozes de dois, três e até quatro personagens. Neste sentido, em comparação com os mais de seiscentos entremeses produzidos em Portugal entre 1720 e o fim do século XVIII, pode-se afirmar que *A vingança da cigana*, do mulato brasileiro especialista em cantigas, modinhas e lundus, é o que mais avança no sentido das chamadas comédias "*à couplets*" francesas e, nos Estados Unidos e Inglaterra, da comédia musical.

Espécie de rascunho a essa tendência ao gênero modernamente chamado de musical, o texto de Caldas Barbosa, sobre empregar com muita propriedade a linguagem macarrônica para retratar o ambiente internacionalizado da Lisboa do Setecentos (Pepa era cigana, Mr. Pierre um napolitano que misturava idiomas por ter se tornado cabeleireiro em Paris e vivido em Espanha e Inglaterra, Cazumba um crioulo que falava português em "língua de negro"), reservava também para si uma antecipação na área do teatro com música. Na verdade, ao colocar em cena a figura da decidida cigana Pepa, cujo coração oscilava entre os pretendentes Tarelo, o marujo, e o sargento Chibante, Caldas Barbosa fazia recuar de meio século o tema central da ópera cômica *Carmen*, de Bizet, que em 1851 aproveitara a história do romance do mesmo nome de Prosper de Merimée, de 1845, devidamente diluída pelos libretistas Henri Meilhac e Ludovic Halévy. Embora a trama amorosa em *A vingança da cigana* fosse ainda mais simples, Caldas Barbosa salvava comicamente da obviedade o anunciado desfecho da história: em lugar do esperado duelo final entre os amantes rivais, entra em cena "Hum Official de huma patrulha" à frente de "alguns soldados da dita", e tudo termina em música e cantoria. Como seria de esperar, aliás, de um verdadeiro entremez popular.

11.
CALDAS BARBOSA PERSONAGEM DE TEATRO

Embora a relação de Domingos Caldas Barbosa com a produção para o teatro ficasse nas quatro experiências realizadas de 1790 a 1795 — a primeira no Teatro do Salitre, as outras para os italianos do Teatro de São Carlos —, o nome do poeta brasileiro não deixaria de continuar presente na dramaturgia: em Portugal como personagem, no Brasil pela citação dos seus versos.

Realmente, ao pretender Marcelino Mesquita reviver em 1899 o romantismo na dramatização de costumes históricos portugueses em sua comédia em três atos *Peraltas e sécias*, ambientada no século XVIII, lá estava entre os vinte personagens a figura de "Caldas, poeta árcade". A peça, estreada no Teatro D. Manuel II em 11 de fevereiro de 1899, na fluidez linear de seus diálogos estereotipados ("Os Peraltas e as Sécias" — recomendava o autor na didascália — "falam sempre com a maior afetação; risos contínuos, gestos alambicados, jogo de braços, de olhos, de leques"), resumia-se a rigor a uma tentativa de retrato dialogado de um outeiro de salão setecentista. A lembrar muito de perto, por sinal, o clima da crônica evocativa da *Pintura de um outeiro nocturno e um sarau musical às portas de Lisboa no fim do século passado*, do marquês de Resende, de 1868.

Claro está que, em coerência com esse espírito, tudo na peça de Marcelino Mesquita soa convencional e previsível, enquanto personagens entram e saem de cena trocando frases de um coloquialismo de época quase sempre prejudicado por anacronismos. Logo ao início da peça, por exemplo na cena II do 1º ato, ao entrar na sala onde o recém-chegado Guilherme o aguarda, o filho da casa, Miguel de Sande, pergunta depois dos cumprimentos:

Domingos Caldas Barbosa   135

"Sabes música?". E ante a resposta de Guilherme — "Alguma coisa. E, tu?" —, responde: "O fado; o mais são cantatas".

Ora, como o fado cantado, a que certamente se referia o personagem Miguel, só apareceria em Lisboa pelos fins da primeira metade do século XIX (e o autor insistiria no erro na cena XI ainda do 1º ato, ao fazer Miguel comentar, referindo-se a versos atribuídos a Caldas Barbosa: "Que versos! Nem para o fado prestam!"), pode-se depreender quão longe passaria a verossimilhança histórica de *Peraltas e sécias*.

Pois uma das vítimas dessa superficialidade de Marcelino Mesquita seria exatamente o poeta brasileiro Domingos Caldas Barbosa. Desde a apresentação dos personagens, na abertura da cena XI do 1º ato — "Atrás entra o poeta Caldas. Fato no fio, calção, cabeleira ruça etc." —, o autor comete uma incongruência, pois se a ação da peça se situa em inícios da década de 1790, esse é o momento em que Caldas Barbosa se encontra em pleno gozo da proteção do conde de Pombeiro e, portanto, não teria como se apresentar em sociedade com vestes gastas ("fato no fio") ou usando peruca desbotada pelo uso ("cabeleira ruça"). Disposto, afinal, a retratar "os costumes dos fins do século XVIII, em Portugal" apenas pelo seu legado anedótico e pitoresco, o autor de *Peraltas e sécias* propõe a figura de um Caldas Barbosa que só revela a fraqueza de suas informações sobre a pessoa real que pensava fazer reviver. E ainda na mesma cena XI do 1º ato, mostra o poeta a ler um soneto de elogio ao marquês dono da casa, quando se sabe que o forte de Caldas Barbosa, nessas ocasiões, era o improviso:

> "*Caldas* (curvo ante a Marquesa)
> Excelsa senhora, se me permitir endereçar-vos uma lôa, neste dia festivo, de joelhos vos agradecerei a mercê:
>
> (Tira o papel)

Miguel
Outra espécie de papagaio.

Guilherme
Quem é aquele poeta;

Miguel
É o Caldas.

Carlota
Da "Nova Arcádia".

Guilherme
Da nova? Pelo fato parece da velha!

Caldas (recita, lendo)
Se em mago canto, contrastar pudera
Do vasto Homero a Ilíada pasmosa,
Se de Virgílio a Eneida majestosa
Emparelhara, ou exceder pudera

Se do divino Dante a acesa esfera
Me endeusara em Comédia faustuosa,
Se a erudição de Milton, assombrosa,
Meu estro incendiara, enobrecera:

A vós, ó Sande egregio, luminoso
Poema consagrara; e dignamente
Vossos anos cantara, harmonioso:

Mas, sem arte, sem voz, direi, somente:
Fazei anos sem fim! que respeitoso,
Sem fim, vos beijarei a mão clemente!

(Beija-a)."[132]

---

[132] Todas as citações de *Peraltas e sécias*, de Marcelino Mesquita, são da segunda edição da peça, 1911. Diálogo e sonetos cit. às pp. 51-2.

Domingos Caldas Barbosa

Provavelmente influenciado pela caricatura que de Caldas Barbosa fazia em suas sátiras o poeta Bocage (que atribuía a Apolo a fala: "Caldas o nomeei; com graças novas/ Faz-me estalar de riso a cada instante,/ E em prêmio lhe concedo o dom das trovas"; e em outro soneto escrevia que "o orangotango [Caldas] a corda à banza abana,/ Com gestos e visagens de mandinga"), Marcelino Mesquita, depois de assim mostrar o brasileiro em atitude servil, atribui-lhe o papel de pessoa simplória, sujeita ao ridículo na cena X do ato II, na volta de um passeio dos peraltas e sécias pelo rio:

"*Benjamim*
O poeta Caldas caiu ao rio.

Marquesa (susto)
Morreu?

Lúcia
Andam sempre com a cabeça no ar, os poetas.

Clara (ri)
Este foi o contrário. Foi de cabeça abaixo.

Miguel
Parece um cão n'água (enxugam-se com os lenços).

Marquesa
Mas como foi isto?

Benjamim
O poeta estava contemplando as Tagides; nisto o vento leva-lhe o chapéu, para o apanhar inclina-se e cai-lhe a cabeleira, para agarrar a cabeleira desequilibra-se e aí vai ele... como um sapo... (espirra)

Caldas (tremendo de frio)
Peço desculpa a V. Exa., Sra. Marquesa, mas te-

nho de me retirar... o estado de humidade em que
me acho...

Marquesa
Não consinto que vá assim... mora longe... pode
fazer-lhe mal.

Marquês
Não, não: Miguel faz que conduzam o sr. Caldas
a um quarto e lhe dêem um leito.

Miguel
Francisco? (o criado vem). Metam este senhor numa cama e dêem-lhe uns grogues."[133]

Na cena primeira do terceiro ato, o autor de *Peraltas e sécias* mostra Caldas Barbosa devidamente seco ("Teodoro: 'Já está seco o nosso poeta?'/ Lúcia: 'Completamente'") a participar de
um jogo de adivinhação e, logo depois da obrigatória glosa de
motes dados na hora, o poeta modinheiro reaparece, já agora
recitando versos em que contava sua queda no rio:

"*Marquesa*
Então, meu caro poeta... Obriga-me a pedir-lhe...

Caldas
Oh! Minha senhora! direi. É sobre a minha queda...

Benjamim
O mergulho?

Vozes
Oiçam.
(Fazem círculo)

---

[133] *Peraltas e sécias*, cit., ato II, cena X, pp. 110-2.

Domingos Caldas Barbosa

Caldas (recita)
Desde que em líquido argênteo
Meu corpo foi mergulhado,
Mais uma vez do meu fado
Conheci negro desquite:
Diminuiu meu receio
Dos braços d'Anfitrite,
Minguou-me o chapéu peludo,
O calção, meio por meio,
E, minguando-me, assim, tudo
Só me cresceu... o apetite!

(Riem)

Vozes
Bravo!

Marquesa
Bravo; muito gracioso!

Carlota
Doces para o poeta.

Miguel
Uma garrafa de Madeira.

Caldas
Não; de vidro.

Miguel
De vidro, com Madeira dentro.

Caldas
Não; com vinho dentro.

Carlota
Está com veia, hoje.

Miguel
É que lhe não passou de todo, com o mergulho.

(Levam-no a mesa dos doces e servem-no...)"[134]

Sempre nesse tom sem nada a ver com o que se conhece (ou se depreende pela leitura dos versos do poeta retratado), a participação da figura de Caldas Barbosa na peça de Marcelino Mesquita termina com o poeta brasileiro mostrado a pagar a "sentença duma prenda, no jogo": dar um beijo na face de frei Tomás:

"*Lúcia*
    Sr. D. Tomás, consinta.

Clara
    Deixe, sim?

Fr. Tomás (baboso)
    Para quê?

Lúcia (baixo)
    Para ver a cara que ele faz.

Fr. Tomás
    A dele?... A mocidade é cruel! Seja.
    (Oferece a face que Caldas beija, com o respeito mais cômico possível).
    Seja em desconto dos meus pecados!

    (Gargalhadas)"[135]

No teatro brasileiro Domingos Caldas Barbosa ia aparecer citado também no início do século XX, agora, porém, não mais como personagem, mas como autor de versos cantados pelos

---

[134] *Peraltas e sécias*, cit., ato III, cena primeira, pp. 145-6.

[135] *Idem*, p. 170.

Domingos Caldas Barbosa

personagens. Era isso o que aconteceria, em 1903, na peça *A orgia das virgens*,[136] quando o autor, dr. Pires de Almeida, sempre muito bem informado sobre a vida social do Rio de Janeiro de 1820, fazia a personagem Florinda cantar no quadro II do 1º ato a "modinha" de Caldas Barbosa, publicada no primeiro volume da *Viola de Lereno* sob a indicação de "Cantigas", com o título de "Aonde está o meu bem". Ao mudar-se o cenário da Rampa da Quitanda, no Largo do Paço (onde apregoavam seu produto as peixeiras), para o interior de "asquerosa baiúca no beco do Cotovelo", a moça Florinda — "que costura com uma almofada ao colo" — canta:

"*Modinha*

O meu coração palpita
Contínuos pulos me dá
Ele pergunta inquieto,
Aonde o meu bem está?

E onde está o meu bem?"

Sempre muito preocupado com a veracidade histórica das cenas de costumes de sua peça, o dr. Pires de Almeida — que confessava contar com a ajuda do velho cronista carioca José

---

[136] O autor, José Ricardo Pires de Almeida (Rio de Janeiro, 1843-1913), que se assinava dr. Pires de Almeida, publica o texto de sua peça de costumes cariocas (ambientada no período regencial do príncipe d. Pedro, (1820), no segundo fascículo da sua revista *Brasil-Teatro*, editada entre 1903 e 1904. A revista, embora publicada com o propósito evidente de divulgar a produção teatral de seu editor — aliás irrepresentável, tal a prolixidade de algumas falas do próprio drama *A orgia das virgens*, apresentada como "Nevrose passional dos vícios num período crítico de nossa vida social, em 12 quadros repartidos em cinco atos" —, inseriu ainda assim vários trabalhos de interesse para a história do teatro e da música popular no Brasil.

Maria Velho da Silva (nascido em 1811) — indicava desde logo em nota de pé de página a origem dos versos: "*Viola de Lereno* (Domingos Caldas Barbosa, na Arcádia Lereno Selinuntino)". E Florinda abria de fato as cantigas do "Aonde está o meu bem" cantando tal como aparecem no primeiro volume da *Viola de Lereno*, mas para logo apresentá-las fora da ordem seguida na série de oito quadras pelo autor, Caldas Barbosa. Talvez para melhor conjugar a mensagem dos versos com o momento psicológico vivido por Florinda (apaixonada pelo oficial da Fortaleza, e descontente com a licenciosidade do meio em que era forçada a viver), o dr. Pires de Almeida baralhava a ordem das quadras e, assim, a personagem canta a oitava quadra no lugar da segunda, a sexta no da terceira, a terceira no lugar da quarta e a segunda no da quinta. Ou seja, além de cantar o "Aonde está o meu bem" fora de ordem, a personagem Florinda não mostrava na peça a composição de Caldas Barbosa completa, pois o dr. Pires de Almeida deixava de fora três quadras julgadas sem significado amoroso: a quarta ("O sol e os ardentes raios/ A terra ali queimará"), a quinta ("Pelas desertas campinas/ O meu bem se assustará") e a sétima ("A triste Melancolia/ Tristemente a seguirá").

Ao lado de tais liberdades com a boa ordem das cantigas do "Aonde está o meu bem", no entanto, o dr. Pires de Almeida ia contribuir adiante, no quarto ato de sua peça, com um testemunho definitivo da popularidade alcançada, pelo correr do século XX, no Brasil, pelos versos de Domingos Caldas Barbosa. Ao estabelecer, nos quadros VII e VIII desse quarto ato de *A orgia das virgens*, um contraponto fantástico entre uma sessão de candomblé de negros e uma funçanata de frades e freiras da Ajuda, "numa quebrada do Morro do Castelo, que olha para o largo do Moura", o autor da peça volta a citar quadras da *Viola de Lereno*, mas agora com variante nos versos e introdução de repetidos estribilhos de dança, inexistentes na composição original:

"Não sou frade, não sou nada,
Sou um homem como os mais"

Domingos Caldas Barbosa

"Não sou freira não sou nada,
Sou mulher como as demais"

E, ainda

"Não sou frade não sou nada
Viva a nossa patuscada"
"Não sou freira não sou nada,
E esquenta rapaziada"

As cantigas de Caldas Barbosa citadas na cena de dança ao ar livre de frades e freiras eram as que aparecem no primeiro volume da *Viola de Lereno* sob o título de "Diga o mundo o que quiser", e, ainda uma vez, apresentadas sem preocupação com a ordem das quadras. Na descrição da dança a primeira quadra é a quarta da composição original, a segunda é a quinta, a terceira é a sétima e a quarta é a décima e final de Caldas Barbosa, mas já completamente modificada pela transmissão oral. Em lugar dos versos do poeta,

"Esta doce Lei do Amor
Recebi logo ao nascer;
Vou cumprindo a Lei que é doce;
Diga o mundo o que quiser",

frades e freiras cantam e dançam na peça:

"Essa doce lei de amor
Deus criou p'r'a mulher...
Vou cumprindo o meu fadário,
Diga o mundo o que quiser..."

A progressão das citações revela, aliás, que o dr. Pires de Almeida dava como versos de cateretês dançados, inclusive com passos de corta-jaca e umbigadas de batuques e lundus, não apenas quadras do "Diga ao mundo o que quiser", mas de um verdadeiro *pot-pourri* de composições de Caldas Barbosa. É que, a certa altura, de mistura com as cantigas do "Diga ao mundo o que quiser", surge a quadra de abertura do "Vou morrendo devagar", reproduzida exatamente como no primeiro volume da *Viola de Lereno*: "Eu sei, cruel, que tu gostas,/ Sim, gostas de me matar.../ Morro, e por dar-te mais gosto,/Vou morrendo devagar...".

A explicação para tal mistura, porém, ia ser fornecida pelo próprio autor de *A orgia das virgens*, dr. Pires de Almeida, em esclarecimento sobre o uso dos versos do "Diga o mundo o que quiser..." que valia por uma glorificação do poeta Caldas Barbosa: "Este fandango sapateado, constante da *Viola de Lereno*, passou para o Brasil pela oitiva dos colonos, figurando algumas de suas trovas em chulas e cateretês dos arrabaldes e da roça".[137]

Era a confirmação do que já havia comprovado o estudioso da literatura e pesquisador do folclore brasileiro Sílvio Romero, ao iniciar entre as décadas de 1860 e 1870 a recolha, pelo Nordeste brasileiro, de velhas cantigas e romances depois reunidos em seu livro *Cantos populares do Brasil*, de 1883. Como contava desde 1882 em seu livro *Introdução à história da literatura brasileira*, muitos versos que lhe cantavam os informantes como de tradição oral, anônima, eram por ele reconhecidos como de Caldas Barbosa. O que o levou em 1888 a reafirmar na *História da literatura brasileira* sobre o poeta que descobrira vivo na memória do povo nordestino, quase um século depois de sua morte:

"O poeta teve a consagração da popularidade.

Não falo dessa que adquiriu em Lisboa, assistindo a

---

[137] Dr. Pires de Almeida, *A orgia das virgens*, publicada na revista *Brasil-Teatro*, 2º fascículo, Rio de Janeiro, 1903-1904, nota 86, à p. 355. Todas as citações de *A orgia das virgens* são conforme o texto publicado de pp. 281 a 342 do 2º fascículo de *Brasil-Teatro*.

festas e improvisando na *viola*. Refiro-me a uma popularidade mais vasta e mais justa. Quase todas as *cantigas* de Lereno correm de boca em boca nas classes plebéias, truncadas ou ampliadas. Formam um material de que o povo se apoderou, modelando-o a seu sabor. Tenho desse fato uma prova direta. Quando em algumas províncias do Norte coligi grande cópia de canções populares, repetidas vezes colhi cantigas de Caldas Barbosa como anônimas, repetidas por analfabetos. Foi depois preciso compulsar as obras do poeta para expurgir da coleção anônima os versos que lhe pertenciam. É o maior elogio que, sob o ponto de vista etnográfico, se lhe pode fazer."[138]

Com essa incursão pelo teatro encerrada em 1795, Domingos Caldas Barbosa — desde 1793 capelão da Casa da Suplicação de Lisboa por influência de seu protetor conde de Pombeiro, então regedor das Justiças do Reino — começava também pessoalmente a retirar-se de cena como poeta e autor-intérprete à viola de cantigas, modinhas e lundus. Sua última realização, neste ponto, fora a organização de seus versos cantados para publicação dos oito folhetos que comporiam o volume *Viola de Lereno* (que desde 1793 pensava divulgar em cordel, inicialmente com o título de *Viola de Amor*), publicado em 1798 sob a forma de uma "collecção das suas cantigas, offerecidas aos seus amigos".

---

[138] Sílvio Romero, *História da literatura brasileira*, 1888, tomo primeiro (1500-1830), p. 305. O trecho citado é a reprodução quase literal do que o autor já escrevera em sua *Introdução à história da literatura brasileira*, de 1882, e que Teófilo Braga citaria em 1883 em seu prefácio à 1ª edição do livro *Cantares brasileiros*, do mesmo Sílvio Romero. Texto, aliás, já publicado em 1881 nos tomos 8º, 9º e 10º da *Revista Brazileira*.

Realmente, depois de ver sair em 1799, pela Tipografia Régia Silviana, a prosa plana de sua *Descrição da grandiosa quinta dos senhores de Bellas, e notícia do seu melhoramento*, dedicado à mulher de seu protetor, condessa de Pombeiro, o "Beneficiado Domingos Caldas Barbosa, Capelão da Relação", retira-se também da vida, feita de tantas dificuldades e tão pequenas glórias. Depois de "rápida enfermidade" morre Domingos Caldas Barbosa na casa do "Exmo. Conde Regedor, com todos os Sacramentos" no dia 9 de novembro de 1800, descendo ao túmulo no dia seguinte, 10 de novembro, no cemitério da Igreja dos Anjos de Lisboa.

Domingos Caldas Barbosa

12.
O QUE FICOU DOS IMPROVISOS

Se a permanência das cantigas de Domingos Caldas Barbosa na memória geral confirma a popularidade de seus versos entre a gente anônima — tal como comprovado no Brasil por Sílvio Romero em fins do século XIX —, o agrado de seus improvisos ante o público dos salões setecentistas, em Portugal, não deixaria posteriormente de revelar-se também em testemunhos escritos.

Na crônica de memória histórica *Pintura de um outeiro nocturno e um sarau musical às portas de Lisboa no fim do século passado*, lida em fins de 1867 pelo marquês de Resende no Grêmio Recreativo de Lisboa, não apenas o nome de Caldas Barbosa seria o mais citado ao longo da narrativa (seis vezes, em diferentes passos), mas vários de seus versos de improviso seriam reproduzidos e, com isso, salvos do esquecimento.

Uma informação curiosa do marquês de Resende, neste ponto do crédito a ser dado ao registro de versos feitos de improviso, é a de que certos saraus, como o por ele descrito, já contavam em Lisboa com os recursos de um taquígrafo, que anotava as intervenções dos poetas:

"Junto à mesa dispunha-se também o moço Silvestre Pinheiro Ferreira, para, por meio da taquigrafia, que só ele então conhecia em Portugal, escrever os versos que ali iam improvisar, como depois disse um dos poetas que estavam presentes:

Domingos Caldas Barbosa 149

'Fazendo estenográficas rabiscas
O pacato Pinheiro que lê grego'."[139]

Entre os versos talvez anotados pelas "estenográficas rabiscas" de Silvestre Pinheiro — a serem certas as fontes do marquês de Resende — estariam os de uma décima improvisada por Domingos Caldas Barbosa sobre mote proposto por uma de suas musas, d. Caetana Cardoso. Aconteceu no auge do entusiasmo dos presentes por anteriores demonstrações de talento poético, como as de Nicolau Tolentino de Almeida e do monsenhor Corrêa de Sá, conforme conta o marquês de Resende ao descrever o ambiente da reunião no solar das Picoas, da família Freire de Andrade, pelos "primeiros anos do reinado de D. Maria I":

"Depois destas chistosas, mas memoráveis décimas [de Tolentino e monsenhor Corrêa de Sá], deu a bela e canora D. Caetana Cardoso ao seu grande admirador Caldas Barbosa o mote — Caramelo e água fria —, a que ele fez este belo e amável improviso:

'Quisera, bela Caetana,
A tua voz singular
A uma coisa comparar
Qu'entendesse a gente humana.
O teu Caldas não t'engana;

---

[139] Marquês de Resende, *Pintura de um outeiro nocturno e um sarau musical às portas de Lisboa no fim do século passado. Feita e lida no Primeiro Serão Literário do Grêmio Recreativo em 12 de dezembro de 1867 pelo Marquês de Resende*, 1868, p. 6. Esse "moço" Silvestre Pinheiro, aliás, seria o mesmo Silvestre Pinheiro Ferreira que, passado ao Brasil em 1810, foi deputado da Junta de Comércio no Rio de Janeiro, ministro de Negócios Estrangeiros e da Guerra no período monárquico-constitucional que precedeu a Independência do Brasil e, em 1821, voltou a Portugal com d. João VI para seguir carreira política.

150   José Ramos Tinhorão

É fiel e te avalia.
Essa tua melodia,
Tanto me consola est'alma
Quanto, em tempo de calma,
Caramelo, e água fria'."[140]

Segundo ainda o marquês de Resende, como à reunião estava presente, além de Caldas Barbosa (que era clérigo secular), "o padre Sousa Caldas, que passa por um dos nossos melhores poetas líricos", fica páginas adiante a dúvida sobre qual desses dois Caldas seria o autor dos versos de outra quadra oferecida como mote. A presença dos dois poetas em um mesmo sarau, entre as décadas de 1780-1790, era bem possível, porque o padre Antonio Pereira de Sousa Caldas (1762-1814), carioca tal como Caldas Barbosa, já em outro encontro entre os dois permitira a incorporação, ao anedotário do tempo, da quadrinha em que o poeta especialista em cantigas teria registrado o contraste entre sua condição de pardo pobre e de branco bem-sucedido do colega:

"Tu és Caldas, eu sou Caldas,
Tu és rico, eu sou pobre;
Tu és o Caldas de prata
Eu sou o Caldas de cobre."[141]

---

[140] Marquês de Resende, *Pintura de um outeiro nocturno...*, cit., pp. 20-1.

[141] A quadrinha é citada por vários autores, desde sua divulgação por Joaquim Norberto de Sousa e Silva em seu capítulo de "livro inédito" publicado no número de abril-junho da *Revista Popular*, vol. 14, de 1862. Os repetidores seriam Moreira de Azevedo em seu *Mosaico brasileiro*, 1869 ou 1870, Lery Santos na série "Esboços biográficos — Domingos Caldas Barbosa", da revista *Pantheon Fluminense*, de 1880, Pereira da Costa na *Enciclopediana brasileira*, de 1889, e, posteriormente, por quase todos os autores que se ocupam da figura do poeta improvisador.

Domingos Caldas Barbosa

A dúvida resultava do laconismo com que o marquês de Resende descreve a cena:

> "A este mote do padre Caldas:
>
> 'Marte, faze-te da moda,
> E teus temores desterra,
> Que os soldados desta era
> Trazem por moda uma roca,'
>
> fez Garção a glosa que segue:
>
> 'Se queres ser namorado
> Da moça mais presumida
> .... etc.'."[142]

Fosse o padre Caldas o mulato Caldas Barbosa ou o branco Sousa Caldas, o Garção responsável pela glosa em décimas transcrita a seguir não poderia ter sido com certeza o poeta Pedro Antonio Corrêa Garção, pois, nascido em 1724 e falecido em 1772, seria um pouco tarde demais para figurar num outeiro "dos primeiros anos do reinado de D. Maria I", período só iniciado após a morte de d. João V, em 1777.

De Domingos Caldas Barbosa seria, porém, com toda a possibilidade, a quadra que durante a mesma reunião o marquês de Resende mostra d. Catarina de Sousa a propor como mote a Domingos Monteiro de Albuquerque (desembargador da Casa da Suplicação, mas que Inocêncio dá em seu dicionário como especialista em glosas):

> "Dando depois D. Catarina de Sousa ao mesmo poeta [Domingos Monteiro] por mote, esta quadra, que Caldas Barbosa fizera à condessa de Soure:

---

[142] Marquês de Resende, *Pintura de um outeiro...*, cit., p. 27.

152   José Ramos Tinhorão

'Teu nome escrevi na arêa
Que banha o vizinho mar,
Eu vi as ondas pulando,
Virem teu nome beijar'."[143]

Glosada em décimas a quadra mote de Caldas Barbosa por
Domingos Monteiro de Albuquerque, é o próprio poeta brasileiro que o marquês de Resende vai mostrar, logo depois, a repetir
para os presentes duas décimas amorosas feitas por ele a duas
diferentes pretendidas, uma que o recebeu favoravelmente, outra
que o recusou:

"Por sua parte repetiu, também ali, Domingos
Caldas Barbosa as seguintes décimas que ele fez a duas
senhoras, uma das quais não quis render-se, como a
outra, ao seu amor:

'Naquele ditoso dia
Que eu com Files estava,
Cada vez que lhe falava
Sete beijos lhe pedia:
Aflito eu lhe dizia,
Se m'os não dás, eu assento
Que morro, estalo, rebento:
Ela tendo de mim dó,
Respondeu-me: sete só?
Oito, dez, oitenta, e cento.

Andava mesmo morrendo
Por lhe chamar minh'amada;
Pilho-a um dia descuidada,
Chego-me, eu vou-lhe dizendo:

---

[143] *Idem*, p. 31.

Domingos Caldas Barbosa

Respondeu-me, não o atendo,
Nem jamais o atenderei.
As boas noites lhe dei,
A paciência moendo,
E fui-me embora dizendo:
Ah! que ao menos desabafei'."[144]

Em sua memória saudosista desse idealizado outeiro ou sarau de grande salão de fins do Setecentos, o marquês de Resende contribui de qualquer forma — e sem que estivesse em sua intenção — para mostrar que, em tais encontros da sociedade lisboeta, Domingos Caldas Barbosa não representava sempre a figura menor ou apenas curiosa com que quase todos os autores o apresentam, mas aparecia por vezes em posição de relevo. Conforme escreve a autor da *Pintura de um outeiro nocturno*, em dado momento dos divertimentos poéticos o próprio Domingos Caldas Barbosa pede licença para a leitura de um soneto que o colocava honrosamente no centro das atenções: eram versos a ele dedicados pela condessa de Soure:

"Depois destes versos [longa série de décimas do padre Brás da Costa, em agradecimento a "uma consoada d'azeitonas" enviada por uma dama], e com licença de D. Joana Isabel Forjaz, leu Domingos Caldas Barbosa o seguinte soneto, que ela lhe fez quando soube que se tinha posto em disputa se sua formosura era superior ou inferior a da condessa de Soure...:

'*Soneto*

Não me engana o espelho cristalino,
Bem conheço, Lereno, o meu defeito,

---

[144] *Idem*, pp. 42-3.

Mas louvo à Suprema Providência pelo jeito
Que a meu peito deu um bom destino.

Quando contemplo o rosto peregrino
Da bela Márcia, então louvo e respeito
A Sabia Onipotência por ter feito
Mais uma obra do seu Poder Divino.

Longe de mim a mísera fraqueza
Do sexo feminil, que não consente
Ver gabar junto a si outra beleza.

O céu repartiu prodigamente
À bela Márcia graça e gentileza,
A mim bom coração, estou contente'."[145]

Após a leitura do soneto a ele dirigido por d. Joana Isabel Forjaz, Caldas Barbosa continuaria, segundo o marquês de Resende, a concentrar a atenção da sala por mais alguns minutos, ao recitar um "soneto que a mesma senhora fez numa ocasião em que estava muito triste", e ainda outras seis "quadras da mesma senhora".

Ao fim do sarau, quando da poesia se passou para a música, e, afinal, chegou o momento de cantar gêneros que o marquês de Resende definia como "nacional e popular, das modinhas", lá estaria ainda uma vez o mulato brasileiro representado na que se cantava com os versos: "Basta, pensamento, basta,/ Deixa-me enfim descançar".

Como se comprova pela leitura do primeiro volume da coletânea *Viola de Lereno*, o que a intérprete de tais versos, a condessa de Vila Flor, cantara — segundo o marquês de Resende "em voz sonora, e com chiste" — era de fato a modinha "Ao meu pensamento", que, após aqueles dois versos, prosseguia:

---

[145] *Apud* Marquês de Resende, *in Pintura de um outeiro nocturno...*, cit., pp. 40-1.

Domingos Caldas Barbosa   155

"Basta pensamento, basta,
Deixa-me enfim descansar;
Um bem que ser meu não pode,
É um tormento lembrar

Estribilho

Basta, sim, basta
Meu Pensamento;
Tu és agora,
O meu tormento."[146]

E a modinha de Caldas Barbosa, antecipadora do romantismo até na versão tipicamente popular das futuras serestas — vide o estribilho "Tu és agora,/ O meu tormento" —, continuava ainda por cinco quadras a servir como chave de ouro da reunião elegante, conforme escrevia o marquês de Resende, pondo ponto final à sua crônica de memórias: "Assim acabou este sarau".

No Brasil — embora, como era costume dos cronistas do século XIX, sem dar a fonte de suas informações — quem mais contribuiria com exemplos de versos atribuídos a Domingos Caldas Barbosa seria, em 1862, o polígrafo carioca sócio do Instituto Histórico Brasileiro, poeta e autor de versos para modinhas, Joaquim Norberto de Sousa e Silva (1820-1891). Decidido desde os tempos da revista *Minerva Brasileira* (publicada em duas séries de 1843 a agosto de 1845) a escrever uma *História da literatura brasileira*, Joaquim Norberto costumava compor, sob o título geral de "Estudos", capítulos avulsos da prometida obra, que ia publicando em números da revista, e lia nas sessões do Instituto Histórico do Rio de Janeiro. Dos seis capítulos dados a conhecer a seus consócios do Instituto em 1862, constaria o que, sob o título de "Poetas repentistas", referia-se à "Facilidade dos poe-

---

[146] *Viola de Lereno*, cit., 1º vol., pp. 61-2.

tas brasileiros para o improviso", e em que citava doze poetas, entre os quais Domingos Caldas Barbosa.

Nesse estudo "Poetas repentistas", publicado no número de abril-junho de 1862 da *Revista Popular*, do Rio de Janeiro, Joaquim Norberto, depois de pequena notícia sobre o poeta, que nada adiantava às informações de Varnhagen, de 1851, iniciava a sua contribuição pessoal ao levantamento dos versos inéditos de Domingos Caldas Barbosa escrevendo: "Foram muitas as poesias que compôs de improviso e que lhe mereceram numerosos aplausos, aumentando a estima e o apreço em que era lido e anelado; mas nem todas se publicaram, nem as que se publicaram foram acompanhadas das explicações necessárias, a fim de que melhor se pudesse apreciá-las". E sem revelar como conseguira, ele, as "explicações necessárias" que se propunha dar, acrescentava em tom de muita segurança:

> "Era Domingos Caldas Barbosa rápido no improvisar; mas a experiência, que tão caro lhe custara [no Brasil], lhe apagara os rasgos juvenis de sua musa satírica e, em terra que a sua cor era menosprezada, tratou de procurar agradar, e seus versos perderam muito de sua beleza, destituídos daquele sal ático com que outrora os soubera adubar. Ainda assim brilha o espírito em suas composições e lhes transmite o que quer que seja de original."[147]

Ao referir-se aos supostos rasgos juvenis de Caldas Barbosa, que tanto lhe custaram no Brasil, Joaquim Norberto baseava-se naturalmente na afirmação de Varnhagen de que ainda na adolescência, no Rio, o poeta "vendo-se aplaudido em seus primeiros ensaios, começava a desmandar-se em invectivas de mau gos-

---

[147] Joaquim Norberto de Sousa e Silva, "Poetas repentistas", *in Revista Popular*, vol. 14, abril-junho de 1862, p. 135.

to, quando, por correção lhe sentaram praça para soldado".[148] Sobre constituir essa informação de Varnhagen, porém, apenas uma hipótese, como podia Joaquim Norberto afirmar que os versos de Caldas Barbosa haviam perdido em Portugal aquele "sal ático com que outrora os soubera adubar", se nada do que o poeta produziu na primeira juventude se conhece para estabelecer a comparação?

Ainda assim, é tal a naturalidade e a riqueza de pormenores com que Joaquim Norberto cita os fatos a envolver improvisos de Caldas Barbosa em Portugal, que não se pode apontar tudo o que escreveu como obra exclusiva de sua imaginação, mas, talvez, resultado da obtenção de testemunhos ou papéis durante suas buscas de informação para a projetada (e nunca publicada) *História da literatura brasileira*.

Um primeiro exemplo do talento improvisativo de Caldas Barbosa fornecido por Joaquim Norberto é o da forma como o poeta se safou de um primeiro tropeço, ao tentar a glosa do tema "Quem perdeu a liberdade":

"Improvisavam uma vez cantando e glosando o mote que se lhe havia dado:

'Quem perdeu a liberdade'.

E porque teve um engano, acudiu logo com a seguinte quadra:

'Errei o verso, é verdade;
E confessar é preciso:
Que muito perca o siso
Quem perdeu a liberdade?'."

---

[148] F. A. de Varnhagen, "Domingos Caldas Barbosa", *in Revista do Instituto Histórico e Geográfico Brasileiro*, Rio de Janeiro, tomo 14, 1851, p. 449.

Ao que, a seguir, acrescentava Joaquim Norberto sempre referindo-se ao poeta brasileiro:

"Também glosava:

'Tem dó do meu coração'.

E porque uma das senhoras lhe dava a consoante com que ele formava a quadra, uma, talvez para embaraçá-lo, disse *pião*, e ele sem demora fez assim a quadra:

'Tu me fazes dar mil voltas,
Como se eu fosse um pião;
Dá-me a corda que quiseres,
Tem dó do meu coração!'."

Em prosseguimento, Joaquim Norberto, depois de referir-se ao encontro entre o padre Antonio Pereira de Sousa Caldas e Caldas Barbosa, de que teria resultado a célebre imagem do Caldas de prata e do Caldas de cobre, citava outro caso de improviso, agora cantado à viola pelo mulato modinheiro:

"Achava-se em Benfica, e uma senhora teve a lembrança de pedir-lhe que cantasse uma de suas modinhas. A amável senhora passava por muito inconstante, e Caldas Barbosa tomando a sua viola se pôs a cantar de improviso, como era o seu costume;

'Ora dize-me, Nerina,
Que não ouve aqui ninguém;
Tu estimas muita gente,
Mas qual deles amas, quem?'."[149]

---

[149] "Perguntas a Nerina", *in Viola de Lereno*, de Domingos Caldas Barbosa, cit., 2º vol., pp. 92-3.

Domingos Caldas Barbosa

Os versos dados como de quadra improvisada são, porém, os mesmos que aparecem no segundo volume da *Viola de Lereno* a abrir a composição "Perguntas a Nerina", e que conta no total com sete quadras, todas entremeadas pelo estribilho: "Dize Nerina/ Dize meu bem,/ Qual deles amas,/ Dize-me quem?". Como Joaquim Norberto não se refere ao fato de a quadra pertencer a essa extensa composição publicada na *Viola de Lereno*, ter-se-ia dado o caso de Caldas Barbosa ter aproveitado seu improviso posteriormente, ampliando-o com os versos da modinha "Perguntas a Nerina"?

O que confunde a quem se coloca em dúvida quanto à aceitação ou não das informações de Joaquim Norberto é o fato de ele acrescentar indicações próprias de quem se baseasse em documento ou testemunho confiável: "Achava-se um dia em Benfica", "Cantava em outra ocasião em Viçosa":

"Cantava [Caldas Barbosa] em outra ocasião em Viçosa uma modinha em que improvisou os seguintes versos:

'Se é um crime o ser amante,
Bem criminoso sou eu;
Mas é tão gostoso o crime,
Que eu gosto bem de ser réu.'

E como uma das senhoras presentes levasse a mal que um padre se expressasse de semelhante maneira, Caldas Barbosa lhe foi respondendo no mesmo tom, sem que deixasse de cantar:

'Não cuides, formosa Elsina,
Que eu ímpias lições te dite;
Um puro amor é virtude,
É crime amar de apetite.'

E fazendo-lhe a senhora ver que o mundo, e não

ela, é que o levava a mal, ele, sem interrupção ou, como diriam os políticos, em ato contínuo, prosseguiu:

'Gosto de amor, vou amando,
Que importa murmure a gente,
Se a gente, que assim murmura,
Talvez não seja inocente?'."

Nesta descrição da série de improvisos de Caldas Barbosa, dada como ocorrida em Viçosa, aliás, Joaquim Norberto continua a enumerar os incidentes sucessivos como acontecidos todos numa mesma ocasião, pois prosseguia, emendando o diálogo das senhoras com o poeta:

"— E como se chama a sua amada? lhe perguntou uma fidalga, já cansada de ouvi-lo cantar de amores.

Caldas Barbosa não hesitou:

'Não quero dizer o nome,
Que dizê-lo não convém;
Resta só que este segredo,
Saiba-o eu, saiba-o meu bem.'

Instado de novo, achou que era melhor responder metendo excelentíssima fidalga à bulha; e fez a seguinte confissão:

'Menina, minha menina,
Que tanta gracinha tem,
Deixe lá falar quem fala;
Só você é o meu bem.'

O riso coroou a obra."[150]

---

[150] Todas as citações do estudo "Poetas repentistas", do projetado livro *História da literatura brasileira*, de Joaquim Norberto de Sousa e Silva,

Embora Joaquim Norberto não faça referência ao fato, a quadra iniciada com o verso "Não quero dizer teu nome" é, na *Viola de Lereno*, a cantiga final da série sob o título "Retrato do meu bem" (2° vol., p. 131), e que também aparece na coletânea manuscrita "Cantigas de Lereno Selinuntino" com o título de "Retrato 2°". E essa quadra "Menina, minha menina" é a mesma que abre ainda, no segundo volume da *Viola de Lereno*, a série de cantigas sob o título "Afirmativa" (2° vol., *op. cit.*, p. 178). As referências a Caldas Barbosa no estudo "Poetas repentistas", porém, não terminariam aí. Ao focalizar já agora a figura do poeta Lucas José de Alvarenga, Joaquim Norberto passaria a contar que, incomodado o poeta com a falta de resposta de Caldas Barbosa a carta que enviara de Coimbra, "dirigiu o seguinte soneto ao seu competidor":

"Improviso cantor, cisne de belas, [seria de Belas]
Mimo das graças, mimo dos amores,
Gênio credor, assombro dos cantores,
Caro filho das musas, honra delas!

Porque a fronte te cingem as capelas
Que Apolo te formou de louro e flores,
Não desprezes noturnos piadores,
Cujas vozes são roucas, mas singelas.

Escrevi-te uma vez, a vez primeira,
E faltando a resposta há quase um ano
Protestei tambem fosse a derradeira.

Agora só te digo, cisne ufano,
Que se foi por eu ser ave rasteira,
Sei que sou, mas do ninho americano."

------

são conforme publicado na *Revista Popular*, Rio de Janeiro, B. L. Garnier, vol. 14, abril-junho de 1862, das pp. 130 a 146 (parte referente a Domingos Caldas Barbosa ocupa pp. 134 a 139).

Sempre sem informar sua fonte, Joaquim Norberto revela, então, a resposta de Domingos Caldas Barbosa a Alvarenga em soneto que, de qualquer forma, deve ser integrado a sua obra atribuída:

"Recebeu Caldas Barbosa este soneto em Belas, na quinta do Conde de Pombeiro, depois marquês de Belas, onde convalescia de uma enfermidade que o levara às portas da morte, e no dia seguinte Lucas José de Alvarenga estava de posse da resposta pelos mesmos consoantes, da maneira seguinte:

'No sítio ameno da aprazível Belas,
Habitação das graças, dos amores,
Te espero, cantor dino entre os cantores,
Favorito das musas, glórias delas.

A minha fonte cingem as capelas
Que te cingem tambem, de louro e flores;
O teu canto não é de piadores,
Tuas vozes são claras, são singelas.

Escreveste uma vez, a vez primeira;
Aumentaste o meu mal por mais de um ano,
Por querer que essa fosse a derradeira.

Eu te ouvi; ouve agora, cisne ufano:
És no Tejo, onde eu sou ave rasteira,
Alto cisne do ninho americano.'

Este soneto reconciliou os dois poetas, e Lucas José de Alvarenga foi em pessoa visitar o seu compatriota, e aí encontrou-se também com Basílio da Gama."[151]

---

[151] Todas as citações são do estudo "Poetas repentistas", de Joaquim Norberto de Sousa e Silva, *in Revista Popular*, vol. 14, cit., pp. 137-8.

Segundo Joaquim Norberto de Sousa e Silva, esse encontro dos três poetas brasileiros em Portugal ia originar uma produção conjunta, por meio da criação de uma quadra a quatro mãos de Caldas e Basílio:

"A Condessa de Pombeiro, depois marquesa de Belas, pediu então ao padre Domingos Caldas Barbosa que lhe escrevesse alguns versos no tronco de uma árvore do bosque de sua quinta. Caldas Barbosa escreveu assim:

'Neste tronco com meus votos
Escrevo os de Márcia bela!...'

— Basta, disse a condessa, basta, meu padre; deixai que o Sr. Basílio da Gama complete o resto.

O poeta não se fez rogar por mais de uma vez; tomou o buril e escreveu:

'Porém se o tronco murchar,
Não é por mim, é por ela!'."[152]

---

[152] Joaquim Norberto de Sousa e Silva, "Poetas repentistas", *in Revista Popular*, vol. 14, cit., p. 138.

A OBRA

13.
DOIS SONETOS INÉDITOS
E UMA CARTA EM VERSOS

Ao lado dos versos que o espírito investigativo de historiadores de literatura, cronistas e memorialistas permite acrescentar
ao que chegou a ser impresso da obra de Domingos Caldas Barbosa, a busca em bibliotecas portuguesas realizada pelo autor
deste livro da década de 1980 ao fim do século XX resultou na
descoberta mais modesta (mas bem mais confiável) de dois sonetos autógrafos do poeta brasileiro.

Guardados há mais de dois séculos na biblioteca do Palácio Nacional da Ajuda, em Lisboa, os dois sonetos manuscritos
assinados — "O Poeta Domingos de Caldas Barboza" — são dedicados por seu autor respectivamente ao rei d. José I (certamente
pouco antes de seu derrame cerebral em 1775) e a "A Rainha e
N. Senhora" (a julgar por essa denominação a ainda não rainha
d. Maria I, o que só aconteceria um ano após a morte do mari-
do, em 1777).

Escritos da primeira fase da proteção dos irmãos Vasconcelos e Sousa ao poeta improvisador e tocador de viola Caldas Barbosa, em meados da década de 1770, os sonetos são ainda assinados Domingos de Caldas Barboza, com o de Caldas, e o Barboza com z, tal como em 1763 assinara o candidato ao curso de leis
e cânones — filho de Antonio de Caldas Barboza — em seu pedido de admissão à Universidade de Coimbra.

Ora, como a partir de sua primeira obra impressa, a *Collecção de Poesias feitas na feliz inauguração da Estatua equestre de
Elrey Nosso Senhor Dom José I em 6 de junho de 1775*, o poeta
já assina "por Domingos Caldas Barbosa, como fará sempre daí

Domingos Caldas Barbosa   167

em diante, como explicar essa perda do genitivo e a troca do *z* pelo *s* no último nome?

Quanto à exclusão do de Caldas, talvez se devesse a estranheza por um mulato oriundo da colônia andar ostentando origem portuguesa, com genitivo ainda interpretado pelo sentido latino indicador de título nobiliárquico. Já a substituição do *z* pelo *s* no Barboza obrigaria a explicação ainda mais hipotética, como a de uma possível uniformização ortográfica com o nome de família dos protetores, que eram Vasconcelos e Sousa com *s*. De fato, tudo neste ponto das opções ortográficas era possível no tempo, pois, tal como se poderá comprovar pela reprodução dos autógrafos de Caldas Barbosa, o brasileiro acompanhava os contemporâneos setecentistas nas incertezas da grafia com seus "Xegasteis a acudir lhe", "disgrasa" e "umilha" sem h.

Além dos dois sonetos autógrafos guardados na Ajuda, o autor deste livro encontrou, já agora na biblioteca da Academia das Ciências de Lisboa (fundada no século XVIII como Academia Real das Ciências), uma carta em versos que, embora sem assinatura, e em caligrafia do Setecentos bem mais elegante que a do poeta brasileiro, aparece registrada no Catálogo de Manuscritos com a entrada: "De Domingos Caldas Barbosa ao Sr. Pedro Rademaker — Carta". E sobre o estilo corresponder, em tudo, ao do poeta brasileiro em sua versão "oficial", a origem das duas folhas manuscritas atestam pela autenticidade da autoria: os apógrafos fazem parte — conforme indicação da cota antiga — de lote de papéis "Provenientes do antigo Convento de Nossa Senhora de Jesus, também conhecido como Documentos dos Frades". Ora, como se depreende pela leitura da carta, Domingos Caldas Barbosa, escrevendo ainda antes de receber ordens comuns como clérigo, dirigia-se a um amigo frade franciscano (a viver momento de dúvida vocacional) estimulando-o a seguir sua vocação, e sem esconder já pretensão semelhante: "Ah! queira Deus que possa inda também/ Seguir os acertados passos teus/ Para que eu chegue a ter também/ Ajudam-me a pedir graças a Deus".

São esses sonetos autógrafos de Domingos Caldas Barbosa, e sua carta apógrafa, que damos a seguir em leitura de nossa responsabilidade, acompanhados dos respectivos fac-símiles, como contribuição e estímulo à recolha, que certamente se continuará a promover, de obras inéditas do poeta setecentista brasileiro:

Manuscrito autógrafo de Domingos Caldas Barbosa
com soneto dedicado ao rei d. José I, *c.* 1775.

A El Rey N. Senhor

Versos

Poeta vulgarmente é um farroupilha
Osga do oficio: antipoda do agrado
Duns iludido d'outros procurado
A capa do vestir da sopa a pilha:*

Deixa de ser figura peralvilha
Quem vos tem por Neunas sublimado
Que no voso favor sempre elevado
O nome o engrandece, e não o umilha:

Eu era Trovador, mas na verdade
Outro me sinto já tendo o primeiro
Indicio de total felicidade:

Pois que mais buscara o Brasileiro
Que por boca de Vosa Magestade
Ser xamado o Poeta no Pinheiro.

O Poeta

Domingos de Caldas Barboza[153]

---

* O aparente sentido enigmático deste verso é explicado pela falta de uma crase e duas vírgulas: "A capa do vestir, da sopa, à pilha". Andar à pilha (do verbo pilhar) é buscar furtivamente algo de que se necessita ou se deseja. O autor do soneto via o poeta tão desprotegido e necessitado, que precisava andar à pilha, desde uma capa que vestir, até uma sopa que lhe matasse a fome.

[153] Palácio Nacional da Ajuda, Lisboa, Biblioteca da Ajuda. Ref. Car 946. Cota 54-X-12(47).

Manuscrito autógrafo de Domingos Caldas Barbosa
com soneto dedicado à futura rainha d. Maria I, *c.* 1775.

A Rainha e N. Senhora

Versos

A vosa Augusta Filha já cansada
Lutava com a Parca enfurecida
Que o aureo fio da estimada vida
Pertendia quebrar fera, e indignada:

Já a Bela Heroina fatigada
Parecia renderse amortecida
Por que o trabalho da terrivel lida
Por momento a deixava inanimada.

Porem clamou por vos Real Senhora
Xegasteis a acudir lhe e de repente
A Parca sausentou ela melhora:

Ah se vos podeis tanto, e estais presente
Não tenho que temer jamais: agora
He crivel que a disgrasa se m'ausente.

O Poeta

Domingos de Caldas Barboza[154]

---

[154] Palácio Nacional da Ajuda, Lisboa, Biblioteca da Ajuda. Ref. Car 946. Cota 54-X-12(47).

Primeira página da carta de Domingos Caldas Barbosa
a Pedro Rademaker, s/d.

De Domingos Caldas Barboza
Ao Snr. Pedro Rademaker

Carta

Se acazo não perturbam, caro amigo,
As minhas expressões o teu socego
Eu quero hu pouco assim falar comtigo:
A ti (com que prazer!) a ti me chego
Que viste mais de perto a claridade
Q' o Mundo inda não ve errado, e cego;
Tu, que de enganos mil na variedade
Na confusão das nuvens da Mentira
Os raios percebeste da verdade;
Tu que vendo o vão lucro que se tira
Dos negocios do Mundo, em que se ganha
Em vez de amor inveja, e odio, e ira;
Tu, q. entre a natural, e a gente estranha
Tens visto produzir funesto efeito
Vago comercio q' no mar se entranha:
Tu, que sempre nutriste no teu peito
O amor da virtude, e da Sciencia
Que sem vaã gloria he sempre amor perfeito;
Ouve a hus, que não chora a tua auzencia,
Antes, porque te estima, a estima muito
Do bem do amigo me he conveniencia:
Qual te achas aí eu te pergunto
Não de prazer, amigo, de saúde
Q' o mais que desejaste ahi tens junto:
Ahi Sciencia tens, ahi virtude
Com que vais têu espirito consolando
E ahi espero eu que Deus te ajude:
Sei q sutilmente o tempo vai pasando
Ora no Sancto Coro a Deus pedindo
Ora c'os sabios homens estudando:

Domingos Caldas Barbosa

Segunda página da carta de Domingos Caldas Barbosa
a Pedro Rademaker, s/d.

Mais socego, e mais paz sempre adquirindo
Pouco ja temeis a infestada Terra
Nem o feroz Leão q. anda rugindo*
Nunca tu oisas mais qual uiva e berra
O enemigo cruel sempre contrario
A sã virtude que esse claustro encerra:
Nem as vezes atendas do uzurario
Que só cuida aumentar o seu tezoiro
Sem lhe dar de ver pobre, o Sanctuario:
E com a paz serena q eu te agoiro
Estimas, como pó, o q outros amaõ
Dos metais enganosos branco e loiro:
Deses raios de luz q a hi derramas
As Sciencias, a Deus, e ao Mundo uteis
Te inflames como os mais ahi se inflamaõ:
Nem ja mais gastarás horas enteiras
Ouvindo, a teu pezar, qual fora ouvias
Ociozas palavras, todas futeis:
Fugiste a impertinentes companhias
A q o nome Politica, (que nome!)
Obriga a muitos ler, e a que tu lias:
Por tal nescio tambem ninguem me tome
Que cuide q a virtude á Humanidade
O justo sentimento asim consome:
Devemos ter c'os outros Amizade
Amar-mos huns aos outros, e falar-mos,
Deus mesmo quer a nosa Sociedade:
Fariamos muito mal em mal julgarmos
Mas tal está o Mundo, e tal os seus
Q he necessario tudo acautelar-mos:
Não desprezes ninguem: são Irmãos teus

---

* Diabolus tanquam Leo rugiens [nota manuscrita à margem direita
do original].

Domingos Caldas Barbosa

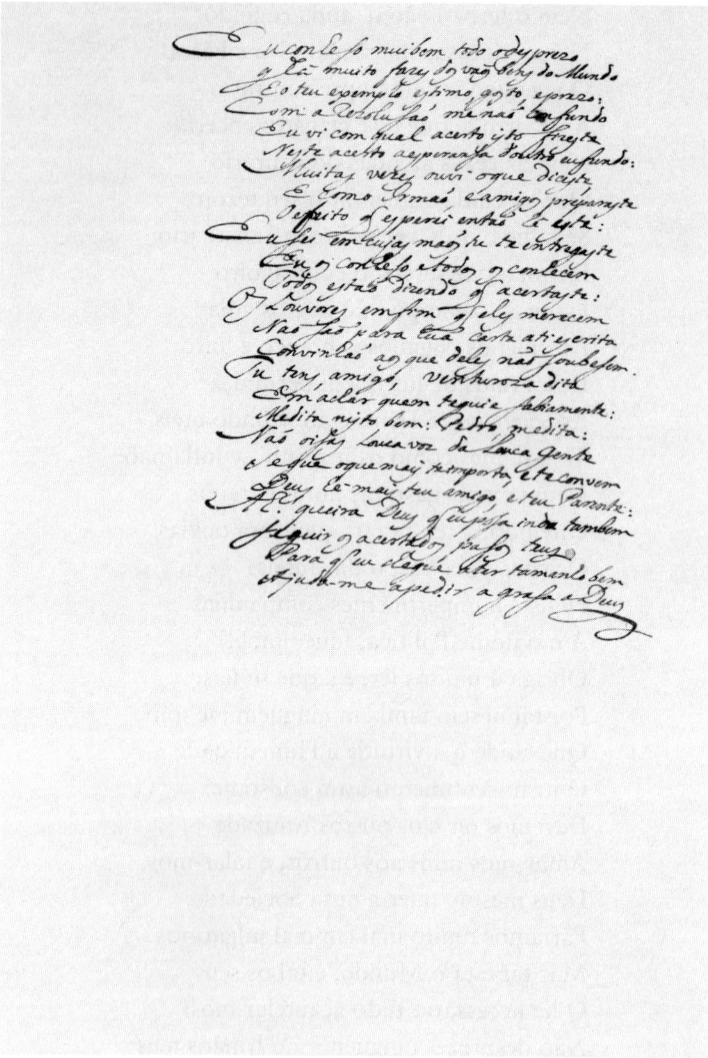
Eu confesso muito bem todo o desprezo
Que tu muito fazes dos vãos bens do Mundo.
E o teu exemplo estimo, gosto, e prezo;
Com a Resolução me não confundo
Eu vi com qual acerto isto fizeste
Neste acerto a esperança doutro eu fundo:
Muitas vezes ouvi o que dizeste
E como Irmão e amigo preparaste
O efeito que esperei então se este:
Eu sei em cujas mãos tu te entregaste
Eu os conheço e todos os conhecem
Todos estão dizendo que acertaste:
Os Louvores enfim que eles merecem
Não são para tua carta a ti escrita
Convinhão aos que deles não soubessem.
Tu tens, amigo, venturosa dita
Em achar quem te guie sabiamente:
Medita nisto bem: Pedro medita:
Não ouças louca voz da louca gente
Segue o que mais te importa, e te convem
Deus é mais teu amigo e teu Parente:
Ah! queira Deus que eu possa inda também
Seguir os acertados passos teus
Para que eu chegue a ter tamanho bem
Ajuda-me a pedir a graça a Deus

Terceira e última página da carta de Caldas Barbosa
a Pedro Rademaker, s/d.

Todos homens; Deus os manda amar
Mas fazes bem se os deichas só por Deus:
Deves por muitas vezes consultar
Comtigo a tua mesma vocasaõ
E hir pronto á voz de Deus onde chamar:
Em hu burel envolto e hu cordão
Ou em sarja ou em seda ou na clausura
Ou fora déla os Santos Santos são:
Entre os homens preversos de mistura
Se pode Santo ser; mas hé precizo
Buscar sempre hua estrada a mais segura:
Nem esta, nem aquela especializo
Mas vê que muitas vezes he errado
O caminho que vai mais plano e lizo:
Nem te vejas tambem horrorizado
Por que figures hu tremendo pezo
Pois o jugo de Deus não hé pezado.
Eu conheço mui bem todo o desprezo
Q. há muito fazes dos vãos bens do Mundo
E o teu exemplo estimo, gosto, e prezo:
Com a dezolusão me não confundo
Eu vi com qual acerto isto fizeste
Muito acerto a espera já d'outro eu fundo:
Muitas vezes ouvi o que diceste,
E como Irmão e amigo preparaste
O efeito q esperei então he este:
Eu sei em cujas maõs te entregaste
Eu os conheço, e todos o conhecem
Todos estão dizendo q acertaste:
Os louvores em fim q eles merecem
Não são para hua carta a ti escrita
Convinhão aos que deles não soubessem.
Tu tens, amigo, aventurosa dita
Em achar quem te guie sabiamente:
Medita muito bem: Pedro, medita:

Domingos Caldas Barbosa

Não oisas louca voz da louca gente
Segue o que mais te importa, e te convem
Deus he mais teu amigo, e teu Parente:
Ah! queira Deus q'eu possa inda tambem
Seguir os acertados passos teus
Para q eu chegue a ter tamanho bem
Ajuda-me a pedir a grasa a Deus.[155]

---

[155] De Domingos Caldas Barbosa Ao Snr. Pedro Rademaker — Carta, Manuscrito vermelho 726, do Catálogo de Manuscritos da Biblioteca Academia de Ciências de Lisboa.

Carta em verso de Domingos Caldas Barbosa ao Senhor Pedro Rademaker. Letra do século XVIII. Volume medindo 300 x 205, manuscrito encadernado em papel de fantasia, 1 fol. de guarda, 2 fol. inum. e 1 fol. de guarda. Sem assinatura.

Pertencente aos Religiosos da Terceira Ordem da Penitência do N. Pe. S. Francisco. Ano 1825.

Antiga cota

Gabinete 5ª Estante 21ª Past IV. Proveniente do antigo Convento de Nossa Senhora de Jesus, também conhecido como Documentos dos Frades.

Academia de Ciências de Lisboa

Catálogo de Manuscritos

Série Vermelha II (nºs 500-980)

Publicação do II Centenário da Academia de Ciências de Lisboa, 1896 (p. 139).

14.
CANTIGAS DE CALDAS BARBOSA
EM COLETÂNEAS APÓGRAFAS

Fora os poucos achados de escritos por letra do autor, o que resta até inícios do século XXI como possível contributo à revelação de inéditos de Domingos Caldas Barbosa é a existência de duas coleções de cantigas do poeta compositor brasileiro, reunidas por particulares em cadernos manuscritos com letra do século XVIII.

A mais antiga dessas coletâneas conhecida é a que, sob o título de "Cantigas de Lereno Selinuntino da Arcádia de Roma", se guarda (com zelo que confina com o embargo) em cofre do Gabinete Português de Leitura do Rio de Janeiro. A segunda, de revelação mais recente, a que no ano de 2002 apareceu à venda pelo alfarrabista internacional Richard C. Ramer, e que tinha por título "Viola de Lereno, quarta parte".

Segundo o livreiro Richard C. Ramer em sua informação para a venda da coletânea, pela internet, tratava-se de "manuscrito português em papel marca-d'água Gior (?) Magnani", que registrava 27 composições amorosas de Caldas Barbosa, 19 das quais não publicadas nos dois volumes da *Viola de Lereno*, publicados em Portugal respectivamente em 1798 e 1826.

A leitura confrontada dos versos encontrados nos manuscritos com os publicados nos volumes impressos da *Viola de Lereno* demonstrou não se tratar de mera cópia, pois as oito composições coincidentes apresentavam variantes que permitiram ao alfarrabista anotar: "Oito poemas deste manuscrito que aparecem na *Viola de Lereno* constituem claramente não meras cópias do texto impresso, mas baseiam-se em tradição comum, com significativas variantes".

Domingos Caldas Barbosa

Entre essas variantes encontradas, o alfarrabista citava um caso concreto:

> "Por exemplo, no poema que a f. 2 v. começa 'Tristes belas que saudozas', o manuscrito apresenta a segunda quadra da versão impressa repetida sempre, até o fim, e (para citar apenas uma variante entre muitas), lê-se 'Tem formoza, já de prova,/ Sabe amar e Ser constante' onde na primeira edição aparece 'Para prova de firmeza/ E de signal que é constante' (ver parte I, nº 3, p. 4 da primeira edição). O poema que começa na f. 9 v com o verso 'Eu venho achar os pezares' (cf. parte I, p. 25 da primeira edição) registra 'Para provar estes gostos,/ Gosto mesmo de morrer', enquanto na primeira edição está 'Por não perder este gosto/ Gosto mesmo de morrer'."

Embora o livreiro autor das observações não esclareça, o verso "Tristes belas que saudosas" é o primeiro das cantigas que aparecem no segundo volume da *Viola de Lereno* sob o título de "Aviso às saudosas", e o pormenor anotado de, na coletânea manuscrita, a segunda quadra vir sempre repetida, serve para reforçar a tese de o registro dos versos basearem-se na tradição oral. É que, constituindo a segunda quadra o estribilho das cantigas

> "Não pagueis a tanto preço
> Lisonjeiros vãos sinais,
> Que talvez não lembre mais
> Falso Amor que se jurou",

este devia mesmo aparecer sempre após cada quadra, na sua interpretação cantada. E essa possibilidade de os versos reproduzirem versão cantada de "Aviso às saudosas" serviria para explicar também a existência, no manuscrito, de tantas variantes em relação ao texto impresso. Variantes que o confrontador dos textos ia encontrar, de fato, em outros das oito cantigas coincidentes com os versos originais da *Viola de Lereno*. E isso acrescido de nova comprovação muito significativa: três das composições registradas no manuscrito são mais curtas — uma com menos seis quadras, duas outras com menos duas. Esse pormenor, casado com a observação de que na coletânea manuscrita são muito freqüentes abreviaturas estranhas ao texto impresso — "Q'lh'aproveitem melhor", em lugar de "Que lhe aproveitem melhor" —, é mais um indicador de anotação de versos cantados, e não cópia de versões escritas. Probabilidade que explica também a supressão de muitos versos do original: nas cantigas que se transmitem oralmente (à exceção dos romances) há uma tendência natural à recusa de letras muito longas.

Assim, se tudo indica consistir a coleção posta à venda uma versão manuscrita de cantigas de Domingos Caldas Barbosa recolhidas da tradição oral, a dúvida que fica é a de saber por que o copista intitulou seu trabalho de "Viola de Lereno, quarta parte". Teria já anteriormente registrado tantas cantigas de Caldas Barbosa que chegaram a formar três volumes em manuscritos?

A impossibilidade do exame direto das versões manuscritas setecentistas dos versos de Caldas Barbosa reunidos nessa coleção oferecida à venda pelo livreiro Richard C. Ramer (a reduzida notícia sobre a obra que dá pela internet é complementada por um lacônico "Book sold", que omite informação sobre o comprador) é compensada, em todo o caso, pela existência de coleção equivalente no Brasil: a das "Cantigas de Lereno Selinuntino da Arcádia de Roma", do acervo do Gabinete Português de Leitura do Rio de Janeiro.

Tal como na coletânea vendida no mercado internacional, os versos de Caldas Barbosa reunidos nestas "Cantigas de Lereno Selinuntino" constituem igualmente visível registro de memória oral, pois aqui também não apenas muitas das versões de cantigas originais da *Viola de Lereno* aparecem encurtadas, mas seu anotador adota igualmente a transcrição fonética dos versos. E com exemplo semelhantes de apócopes tipo "Dizem huns

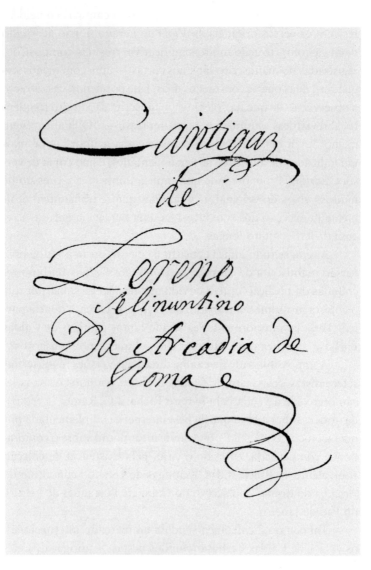

"Cantigas de Lereno Selinuntino da Arcádia de Roma",
manuscrito com reunião de composições de Caldas Barbosa
registradas através de memória oral, s/d
(acervo do Gabinete Português de Leitura, Rio de Janeiro).

q'elle he loucura/ outros dizem q'elle hé dor" ("O que hé Amor", cantigas). Isso sem contar ainda os casos de registro da mesma composição com outro título, como se dá na transformação de "Retrato da minha linda pastora", do primeiro volume da *Viola de Lereno*, em "Retratos", na coleção manuscrita "Cantigas de Lereno Selinuntino".

A coletânea, sob entrada de catálogo "C. Barboza Cantigas R. G. P. L. Armário 6A 25" da biblioteca do Gabinete Português de Leitura do Rio de Janeiro, engloba sessenta composições cantadas de Domingos Caldas Barbosa, dez das quais — segundo revela confronto com os dois volumes impressos da *Viola de Lereno*, de 1798 e 1826 — constituem cantigas inéditas, ou conhecidas apenas por constarem seus versos do caderno "Modinhas do Brazil", do acervo da Biblioteca da Ajuda. Como no caso da modinha "Liberdade", que no caderno de músicas "Modinhas do Brazil" figura com o título de "Homens errados e loucos".

As dez composições em apógrafos de Caldas Barbosa não reproduzidas nas edições impressas da *Viola de Lereno* são, pela ordem com que aparecem na coleção "Cantigas de Lereno Selinuntino":

1) "He Mundo deicha falar" ("Depois que te quero bem/ todo o Mundo me quer mal"), em que o poeta glosa basicamente o mesmo tema por ele usado nas cantigas "Diga o mundo o que quiser" (publicadas em seqüência nas páginas 91, 92 e 93 do 1º volume da *Viola de Lereno*), e nas cantigas "O mundo ralha de tudo/ ora quer, ora não quer" (que o dr. Pires do Rio apontaria em nota explicativa de sua peça *A orgia das virgens* como passada à tradição oral como versos de fandango, pela metade do século XIX);

2) "Liberdade" ("Homens errados, e Loucos/ q'em amor vos engolfais"), que aparece como letra da 26ª música da série de trinta que compõe o caderno "Modinhas do Brazil" da Biblioteca da Ajuda (MSS 1596: fólios numerados de 1 a 32), e aqui sob título de "Homens errados e loucos";

Domingos Caldas Barbosa

3) "O q. hé Amor" ("Levantou se na Cidade/ hum novo e geral clamor/ todos contra amor se queicham/ ninguem sabe o q. hé amor"). Composição de larga popularidade em Portugal de fim do século XVIII, conforme comprova citação no folheto da série *Almocreve de Petas*, parte LIX, tomo II, datado de 1º de junho [1798], em que seu autor, José Daniel Rodrigues, referindo-se a discussões em torno do tema do amor, escreve: "huns tem sido de opinião que, sim, outros que não, combate este, que até produziu uma modinha, que diz: 'Ninguem sabe, ninguem sabe/ Ninguem sabe o que he Amor'.";

4) "Suspiros Unica Licença do Peito" ("Não quero duro despeito/ q'eu possa amor explicar");

5) "Amores" ("Ouvi ó Ninfas/ ouvi Pastores/ quanto me alegrão/ os meus amores");

6) "Origem de A Légria Amor" ("Donde me nasce/ tanta a Legria/ de dia em dia/ sempre maior// Ah! q' he de amor");

7) "Precizo Cautela" ("Olhos meus, meus tristes olhos/ enchei vos de confusão");

8) "Belezas de Nerina" ("Quem vir a Nerina/ repare nella/ q'outra mais bella/ não ha de ver");

9) "Desdens" ("A teus pés rendido/ meu coração vem");

10) "Remedio dos males a morte" ("Se hé minha triste vida/ huma continua aflição").

São os versos dessas dez composições de Domingos Caldas Barbosa feitas para cantar — como demonstrado na denominação geral da própria coletânea manuscrita, "Cantigas de Lereno Selinuntino" — que vão a seguir reproduzidas na ortografia original do copista, e segundo leitura literal de responsabilidade do autor deste livro (e, portanto, sem constituir lição, no conceito dos estudos de linguagem):

O Q. HÉ AMOR

Cantigas

Levantou se na Cidade,
hum novo e geral clamor,
todos contra amor se queicham
ninguem sabe o q. hé amor.

Dizem huns, q'elle he loucura
outros dizem q'elle he dor,
não lhe acertão nome proprio
ninguem etc.

Que importa q'alguem prezuma,
nestas couzas ser Doutor,
se elle ignora como os outros?
ninguem etc.

Amor he huma Ciencia,
q' não pode haver maior,
pois por mais q' amor se estude
ninguem etc.

Em mil formas apparece
o mimoso encantador,
inda assim não se conhece
ninguem etc.

Ao valente faz covarde,
ao covarde dá valor,
como he isto não se sabe
ninguem etc.

Chorão huns o seo desprezo,
outros Cantão seo favor,
de amor chorão de amor cantão
ninguem etc.

Domingos Caldas Barbosa

A huns faz gelar de susto,
noutros cauza hum doce ardor,
não se sabe a qualidade
ninguem etc.

Amor tem hum ser divino
não tem forma, corpo, ó cor,
sente ver mas não o vê
ninguem etc.

He Mundo deicha falar

Cantigas

Depois que te quero bem,
todo o Mundo me quer mal,
porem q' lhe heide eu fazer?
he Mundo deicha falar

    Não te enfades Menina
    Deicha o Mundo falar.

Sabes porq' fala o Mundo?
he só por nos invejar,
elle tem odio aos ditosos
hé etc.

    Não etc.

As Loucas vozes do Mundo,
tú não deces escutar,
por q' sem razão murmura
hé etc.

Ouve só ao teo Moleque,
q'anda por ti a bradar,

dos outros não faças cazo
hé etc.

Menina vamos amando
q' não hé Culpa o amar,
o mundo ralha de tudo
hé etc.

Que fazem nossos amores,
para o Mundo os murmurar,
hé mao costume do Mundo
hé etc.

Sempre todos me hao de ver
por meo bem a suspirar
he disto falar o Mundo
hé etc.

Ah meo bem não pertendemos
do Povo a boca tapar,
bem sabes q' o Povo hé mundo
hé etc.

LIBERDADE

Cantigas

Homens errados, e Loucos,
q'em amor vos engolfais;
da gostoza Liberdade,
muito pouco vos lembrais

Liberdade, nada mais

Se nascestes todos Livres,
para que vos Captivais,

Domingos Caldas Barbosa

por fingidos vãos prazeres
dareis verdadeiros ais

    Liberdade etc.

Com a Lus de huns Lindos olhos,
amor engoda aos mortaes,
assim prende a Liberdade
que tarde, ou nunca a soltais

    Liberdade etc.

Por muitos e varios modos,
os Seus favores provais,
e sendo ao principio doces
ao depois os amargais

    Liberdade etc.

Quando mais e mais gostozos
huma gloria imaginais,
Vem o Ciume afligirvos
com mil pennas infernais

    Liberdade etc.

Gastais a vossa Saude
o Sucego aos Cabedais,
ora dizeime vos mesmo,
de amor q' Sucesso tirais?

    Liberdade etc.

Huma molher he ser enigma
Sua gloria he vencer mais
muito poucas se exceptuam
destas regras tão gerais

    Liberdade etc.

Se alguma de amor vos fala,
ah! fugi-lhe, não amais
não he senão apetite
de ter hum escravo amais
Liberdade etc.

Se inda tendes Liberdade,
destrui-la não queirais,
q' hé hum bem do maior preço
e vos por tão pouco a dais
Liberdade

SUSPIROS UNICA LICENÇA DO PEITO

Cantigas

Não quero duro despeito
q'eu possa amor explicar,
certamente me premite
de continuo a suspirar
Ah Nerina
não sabes q'anda' amar

Nerina surda a meos rogos,
não quer meus ais escutar,
e eu paço baldados dias
de continuo a suspirar

Hua gota de agoa pode
duro penedo abrandar,
e eu não abrando Nerina
de continuo etc.

Domingos Caldas Barbosa

A ternura enganadora
q'em seos olhos fui achar
pago caro, por q'a pago
de continuo etc.

Quazi q'sinto a minha'alma
em os suspiros a se exalar,
e eu me vou inanimando
de continuo etc.

Menina seo reo me julga,
por q' julga crime o amar,
vou expiando o meo crime
de continuo etc.

Nem já os seos Lindos olhos,
nestes meos quer empregar,
tentemos os seus ouvidos
de continuo etc.

A dura Lei do respeito,
tu me obrigas a Calar,
mas heide, por q' me entendam
de continuo a suspirar

AMORES

Cantigas

Ouvi ó Ninfas
ouvi Pastores,
quanto me alegrão
os meos amores

Agora os dias
venci melhores

do q' os q'tinha,
não tendo amores

Ná não receio
doutros Cantores,
q'ao Som da Lira
já Canto amores

Já de huma Ninfa
tenho os favores
jásei o gosto,
q' tem amores

Aão os meos olhos
d'alma Senhores,
eu sou o escravo
dos meos amores.

Em doce chama
ternos andores
me abraza o peito
fogo de amores

Homens e feras
plantas e flores
fontes e rios
ouvi amores

De triste Eco
Não mais clamores,
montes e valles
Cantai amores

Leões e tigres
monstros maiores
cos mansos gados
tem seus amores

Domingos Caldas Barbosa

Das frias ondas
habitadoras,
lá são feridos
do mal de amores

Da Vida e alma
goza os favores
tambem se abraçam
e tem amores

Não tinha o Mundo
mais moradores,
se se acabassem
ternos amores

ORIGEM DE A LÉGRIA AMOR

Cantigas

Donde me nasce
tanta a Legria,
de dia em dia
sempre maior

Ah! q' he de amor

Prazer em gostos
a alma embebida
e achar na vida
doce saber

Ah etc.

Ao ver Nerina
sentir hum gosto

que fas o rosto
mudar de Cor

Ah etc.

Gostar sómente
de ouvila e vela
e depois dela
só ter temor:

Ah etc.

Té sei de donde
nasce a ditoza,
vida q goza
esse pastor

Ah, q' hé de amor

PRECIZA CAUTELA

Cantigas

Olhos meus, meus tristes olhos
enchei vos de confusão,
não olheis para ninguem,
  olhai melhor para o chão

Deichar olhar Livremente
os q' mais felizes são,
vos sois olhar disgrasados
  olhai etc.

Nos olhos sois mostradores
do q' sente hum Coração,
e por q' não apercebão
  olhai etc.

Domingos Caldas Barbosa

Se não quereis que conheção
a nossa amante paixão
hé precizo mais cautela
    olhai etc.

Vos olhar tivestes culpa
já da minha perdição
por não tornar a perderme
    olhai etc.

Bem conheço q' de olhardes,
inda terei tentação
mas olhar não val de nada
    olhai etc.

Vede q' nesses objectos
de vossa Consolação
amor derrama o veneno
    olhai etc.

Hum menear de cabeça,
q'ora dis Sim, ora não,
he industria refinada
    olhai etc.

Se não quereis ter de novo
huma nova escravidão
quando encontrardes huns olhos
    olhai etc.

BELEZAS DE NERINA

Cantigas

Quem vir a Nerina
repare nella,

q'outra mais bella,
não ha de ver.

Tem minha amada,
graça infinita,
e mais bonita
não há ninguem

Quando está meiga,
hé engraçada
ainda enfadada
mil graças tem

Tem etc.

Ninguem no Mundo
com q' a comparem
e em fim declarem
q'igual não tem

Tem etc.

Quem Liberdade
guardar deseja,
a ti não veja,
Se amar não quer

Tem etc.

Teve tal modo
de conquistarme,
q'vens a amarme
e eu a amarei

Tem etc.

Domingos Caldas Barbosa

DESDENS

Cantigas

A teus pes rendido
meo coração vem,
a renderte amor
porq' tú es meo bem

Isso sim
mas ja vem tarde

Só por ti suspiro
por ti só eu choro,
por q'em ti só acho,
huma alma, a quem tanto a doro

Isso sim etc.

Sempre hei de seguirte,
sempre idoLatrarte,
queixas, ou não queixas
sempre sempre eu heide amarte

Isso sim etc.

Se queres protestos
eu protestarei
se queres, q'eu jure
dame amão, eu jurarei

Isso sim etc.

Se queres amor
puro, e verdadeiro,
por amante escolhe
hum cincero brasileiro

Isso sim etc.

A negra Lizonja,
e a mentira vil,
dis se mais na Corte,
q' nos mattos do Brazil
Isso sim etc.

Tu me escutas rindo
eu clamo chorando,
eu fala de versos,
tú cruel sempre sombando
Isso sim
mas já vem tarde

REMEDIO DOS MALES A MORTE

Cantigas

Se hé minha triste vida
huma continua aflição,
o morrer será ventura,
matem-me por Compaixão

Ai Lé aflição
Se eu heide viver pensando
matem-me por Compaixão

Vem depreca os outros malles,
apenas outros se vão?
toda a vida hé hum tormento
matem me por Compaixão

Etc.

Domingos Caldas Barbosa

Se procuro o meo succego,
e este meo trabalho hé vão,
só descansarei morrendo,
matem me etc.

Sinto palpitar no peito,
desmaiando o Coração
não posso Com a triste vida
matem-me etc.

Ao Longe os prazeres vãos
para mim sonhados são,
já nem tolero a tristeza
matem me etc.

Se quem foi minha a Legria
aumento em minha aflição,
de q'me serve esta vida,
matem me por Compaixão

15.
CALDAS BARBOSA
NO *ALMANAQUE DAS MUSAS*

Quis o acaso — em prejuízo do melhor conhecimento da obra de Domingos Caldas Barbosa — que mesmo uma parte de sua produção impressa, ainda em seu tempo, se transformasse em raridade bibliográfica de tal ordem, que jamais se chegou sequer ao levantamento sistemático de seus títulos.

Essa falha é apontada desde o século XIX, por exemplo, pelo atentíssimo dicionarista Inocêncio Francisco da Silva, que no tomo II de seu *Dicionário bibliográfico português* escrevia em 1859, no verbete dedicado a Domingos Caldas Barbosa, à p. 186: "Afora estas [obras citadas anteriormente], são do mesmo Caldas a maior parte das poesias que encerram os quatro pequenos volumes denominados *Almanak das Musas* (V. no tomo L, nº A 243) onde vem umas em seu próprio nome, outras com o de *Lereno Selinuntino*, e o resto anônimas".

Pois, como quase um século e meio após essa observação de Inocêncio, a raridade do *Almanaque das Musas* (ou o desinteresse dos historiadores de literatura brasileira) ainda continuava a manter tal lacuna, o autor deste livro tomou a si a realização de uma primeira tentativa de identificação do que pertence a Domingos Caldas Barbosa nos quatro tomos dessa coletânea da produção indistinta dos poetas componentes da Nova Arcádia, de Lisboa, de 1790 a 1793.

Tal trabalho fica a dever, aliás, à gentileza e desprendimento do professor Ivan Teixeira, que facultou ao autor (talvez com o coração na mão) a consulta necessariamente demorada aos volumes do *Almanaque das Musas*, que figuram entre as maiores raridades de seu rico acervo de obras literárias do século XVIII.

Domingos Caldas Barbosa

O *Almanak das Musas, offerecido ao Genio Portuguez* constitui, na verdade, em seu conjunto (quase sempre encadernados em dois tomos), a reunião de quatro cadernos que englobam a quase totalidade da produção dos poetas da Nova Arcádia, de Lisboa, criada e presidida por Caldas Barbosa de 1790 a 1794. Nessas quatro partes ou cadernos sob o título geral de *Almanaque das Musas* são de autoria de Domingos Caldas Barbosa as seguintes composições poéticas, citadas com obediência à ortografia original:

Almanak Das Musas, offerecido ao Genio Portuguez. Parte I. Lisboa: Na Officina de Filippe Jozé de França, Anno M. DCC. XCIII. Com licença da Real Meza da Comissão Geral, sobre o Exame, e Censura dos Livros, 8°, de 142 páginas de texto, e mais uma não numerada de Erratas (tendo ao pé a informação: "Foi taxado este Livro em Papel a duzentos e quarenta réis. Meza 5 de Julho de 1793./ com tres Rubricas"):

1) *Soneto*, sob a assinatura Lereno Selinuntino da Arcádia de Roma, sem título, abrindo a p. 3 o primeiro caderno com os versos iniciais: "Versos, q'Amor, e q'a Razão dictára,/ A ternos Vates, q'a Amizade unira,/ Hide girar por onde livre gira/ Prole, q'a vida o prelo dilatára".

2) *Soneto*, sob a assinatura Lereno Selinuntino, à p. 9: "Com a terna Amizade, Amor Luctava,/ Fôra a primeira vez, que vira a terra...".

3) *Soneto*, sob a assinatura Lereno Selinuntino, p. 10: "Negras, nocturnas aves agoiraram/ Este funesto, mal fadado dia;...".

4) *Soneto*, sob a assinatura Lereno Selinuntino, p. 11: "Neste Dia fatal, infausto Dia,/ Nasceo ao Mundo mais hu disgraçado;/ E bem, que pelas Muzas embalado,/ Só para Melpoméne he que nascia;// Quando a funesta aurora ressurgia,/ O lucido caminho achou turbado,/ Negro vapor da terra aos Geos alçado,/ Veio empecer-lhe a alegre louçania;// Tres vezes troa o Geo, e do Coccyto/ Soltou a ingeja as viperinas tranças,/ Soou da parte esquerda hu rouco grito;// Ah! nasceste infeliz, e em vão te canças;/ Lereno, já teu fado estava escrito,/ Serão teu maior bem vãas esperanças".

5) *Soneto*, sob a assinatura Lereno Selinuntino, p. 12: "Todos querem saber quem seja Arminda,/ por quem vivo gostoso, e satisfeito;...".

6) *Soneto*, sob assinatura Lereno Selinuntino, p. 13: "Não vez, cruel, o Cedro corpulento,/ Q' a viçosa cerviz tem recurvado?...".

7) *Soneto*, assinado Lereno Selinuntino, p. 14: "De hua gruta no seio cavernozo,/ O fragil barco recolheo Lereno,/ E reclinado no arido terreno,/ O livre pescador dormio gostozo;// Amor, q' a ninguem póde ver ditozo,/ Nem paz constante em animo sereno,/ Na uzada fórma de um rapaz pequeno,/ Vem offertar-lhe mimo cavilozo;// De Arminda a gentilissima figura/ Lhe mostra, e diz: He tua, e tu não medes/ Qual seja a que terás longa aventura;// Acorda alegre o pescador; já vedes,/ Que por sonhados bens da formozura,/ Deixa o certo descanço, o barco, as redes".

8) *Soneto*, assinado Lereno Selinuntino, p. 15: Se eu vejo o forte, o impavido Thebano,/ Depois do Nemêo bruto haver desfeito".

9) *Soneto*, assinado Lereno Selinuntino, p. 16: "A Cabana de Tirse, q'eu respeito,/ A' lem se vê, alli branqueja o marco;...".

10) *Soneto*, assinado Lereno Selinuntino, p. 17: "Arde em raivas Diana, eu o conheço,/ Na acesa côr da face enfurecida,...".

11) *Soneto*, assinado Lereno Selinuntino, p. 18: "Escurece-

se o ar, trôa em redondo,/ Cinzas de fogo o Horizonte esmaltam,/ Tortos coriscos d'entre as nuvens saltam,/ O raio os ares rasga em rouco estrondo;// Os ventos vão os Troncos descompondo,/ As folhas cahem já, os fructos faltam,/ Os miseros Zagaes, se sobresaltam/ A destruida choça mal compondo:// Toda esta aldêa timida se assusta,/ Só Lereno infeliz não se intimida/ De ver da Morte alçada a maõ robusta;// Q' a hua alma de desgostos combatida,/ Muito mais q' o morrer, muito mais custa/ O pezo enorme da cançada vida".

12) *Soneto*, assinado Lereno Selinuntino, p. 19: "Myrrhadas, e myrrhados braços, o esqualidas figuras,...".

13) *Soneto*, assinado Lereno Selinuntino, p. 20: "Eu vivo ainda, ó Inclyta Lisboa,/ Meus dias volve ainda o fatal fuso,/ E as horridas Irmaãs os tem escuso/ A Thesoira fatal, que perto sôa,/ / A Idade, q'entre mil desastres vôa,/ Leva meus annos a hu montaõ confuso,/ E em triste conta vai marcar por uso,/ Com branca pedra os dias q'amontôa;// Eu vivo ainda: p tempo em q'o Céo some/ A conta dos meus dias, naõ tem marca,/ Ou enganou-se a sorte com meu nome;// Nem comigo terá trabalho a Parca;/ Porque eu heide finar-me ás maõs da Fome,/ Sem ter em Lethes com que pague a barca".

14) *Soneto*, assinado Lereno Selinuntino, p. 21: "De myrradas Perpetuas amarellas,/ Eu vi as Parcas coroar-se hu dia;...".

15) *Soneto*, assinado Lereno Selinuntino: "Basta de Amores, minha Musa, basta;/ Naõ vez o Tempo como corre á pressa,...".

16) *Ao Ill.mo E Ex.mo Senhor Marquez de Castello Melhor No dia de seus annos*. Soneto assinado Lereno Selinuntino, p. 23: "No Dia, em que teus dias começaram,/ As myrradas campinas florecêram,...".

17) *No Dia dos Annos Da Illma E Ex.ma S.ra Condeça De Pombeiro*. Soneto, assinado Lereno Selinuntino, p. 24: "Cançada a natureza, ou preguiçosa/ As suas perfeições nos escondia,...".

18) *Ao mesmo assumpto*. Soneto, assinado Lereno Selinuntino: "Enfeitam Graças a formosa trança,/ Aviva Amor o Genio gracioso,...".

19) *Desagogo do estro* [certamente "Desafogo do estro"], poema de 120 versos decassílabos, com pelo menos um — o quinto, à p. 31 — de inegável modernidade: "Já fatigado de forçar vãmente/ Aferrolhadas portas do Futuro;/ Cançado de espreitar por varias sendas/ O que o Tempo por vir me tem guardado,/ Surgir vejo o Phantasma do possivel,...".

20) *A' Ex.ma Senhora Condeça De Pombeiro, No dia em que completou hum anno o seu Primogenito, em cujo nascimento naõ havia o autor poetizado. Estes versos forao postos diante de sua Excellencia nas maõs de huma figura de hum pobre. Quintilhas.* Sem assinatura, mas certamente de Domingos Caldas Barbosa, como se depreende pelos versos em que convida a mãe a educar o filho pelos modes do pai, o conde de Pombeiro, seu protetor: "Mostre-se-lhe esta nudez;/ Ensina-o a núz vestir,/ Como vestido me vez;/ Tem de casa a quem seguir,/ Faça o que seu Pay me fez", pp. 110 a 114.

21) *No dia em que completou annos o Primogenito dos Illustrissimos, e Excellentifissimos Senhores Condes de Pombeiro. Quintilhas.* Sem assinatura, mas certamente de Domingos Caldas Barbosa, conforme se depreende por nota de esclarecimento a um dos versos, em que dá conta de estar proibido por seu protetor a "dar-lhe louvores": "Se me não fora vedado.../ Ceos minha boca fechar,/ Não vá eu arrebatado/ Desobedecer ao Pay (1)/ Eu devo admirar callado". Nota ao pé da p. 120: "(1) O Excellentissimo Senhor Conde de Pombeiro tem prohibido ao Autor o dar-lhe louvores, quaisquer que elles sejaõ", pp. 115 a 122.

22) *Ficando em Salvaterra o Autor, quando suas Magestades sairão dalli, o Senhor Arcebispo Confessor quiz que descrevesse aquella sahida, e como ficava a terra. Quintilhas.* Sem assinatura, mas identificável como sendo de Domingos Caldas Barbosa por certas alusões pessoais (pedido à Musa, "pinta-me em tal solidão/ Junto dos meus Benfeitores"), e pela referência à sua descrição em versos Lebreida na nota de pé de página: "Allude á caçada das Lebres já descripta pelo mesmo Autor", pp. 123 a 134.

23) *A Illustre O'Neille pergunta que cousa sajão saudades. Resposta*, sob assinatura L. Selinuntino, pp. 135 a 139.

24) *Ao Ill.mo E Ex.mo Senhor D. Antonio Maria De Castello-Branco Correia e Cunha, Primogenito dos Illustrissimos, e Excellentissimos Senhores Condes de Pombeiro*, sem assinatura, mas certamente de Domingos Caldas Barbosa, que fecha a oitava e última estância com a costumeira humildade agradecida: "Nos pobres versos,/ Q'offrecer venho,/ A honra tenho/ De a annunciar.// FIM", pp. 140 a 142.

Almanak Das Musas. Nova Collecção de Poesias, Offerecida Ao Genio Portuguez. Parte Segunda. Lisboa, Na Officina de Antonio Gomes. Anno XDCCXCIII. Com Licença da Real Meza da Comissão Geral, sobre o Exame, e Censura dos Livros. In-8º, 142 páginas numeradas em algarismos romanos, e mais uma folha não numerada "Indice Das Materias Que Contem Este Caderno", no verso da qual se registra: "Foi taxado este Livro em papel a trezentos e vinte reis; Meza 17 de Maio de 1793// Com tres Rubricas".

25) *Ao Illustrissimo, E Excellentissimo Sr. D. Antonio Maria de Castello Branco Correa E Cunha Vasconcellos E Souza, No Dia De Seus Annos Offerecendo-lhe Huma Espada, E Huma Penna*, sob a assinatura de "O mais humilde servo de V.

Excellencia Domingos Caldas Barboza", pp. XLI a XLV (151 a 155).

26) *Carta De Lereno A Arminda, Em Que Se Daõ As Necessarias Regras Dos Versos de Arte Menor, Ensinando A Conhecer, O Que Sejaõ Consoantes, E Toantes: E O Que Saõ Palavras Agudas Graves, E Esdruxulas &c.* (em que inclui citações de versos de Camões e dos romances em rima toante de Francisco Rodrigues Lobo, e termina com a declaração: "Espero vos aproveitem/ As lições que vos ordeno,/ E em signal de Amor se aceitem/ As fadigas de Lereno"), pp. XLVII a LXX (47 a 70).

27) *Carta Segunda A Arminda, Em Que Se Trata Da Composição Do Verso Grande, Ou De Arte Maior A Que Vulgarmente Chamamos Heroico, Por Lereno Selinuntino Da Arcadia De Roma, Alias D. C. B.* Sob assinatura de Lereno, pp. LXXI a LXXXVII (71 a 87).

Nota: Fecha esta Parte Segunda do *Almanak das Musas* uma "Traducção Da Arte Poetica De Boileau Pelo Excelentissimo Conde De Ericeira" (quatro cantos, ocupando de pp. LXXXIX a CXXXVII), e a que se segue uma "Resposta De Boileau Ao Excelentissimo conde De Ericeira, Na Occasiaõ De Lhe Enviar Esta Sua Tradução".

Almanak Das Musas, Nova Colleçaõ De Poezias. Offerecida Ao Genio Portuguez. Parte III. Lisboa: Na Offic. De Joaõ Antonio da Silva, Impressor de sua Magestade, Anno M. DCC. XCIII. Com licença da Real Meza da Commissaõ Geral sobre o Exame, e Censura dos Livros. In-8°, 153 páginas numeradas, mais uma folha com as "Erratas" no anverso, e verso em branco.

28) *Traducção Da ODE I. De Horacio A Mecenas Em que o Poeta mostra dezejar só a gloria da Poezia, principalmente da Lyrica*, sob a assinatura de D. C. B., pp. 3 a 5.

29) *Lebreida Ou Caçada Real Das Lebres, sob assinatura D. C. B.* Total de 400 versos compondo cinqüenta estâncias de oito versos, pp. 6 a 23.

Nota: Citada geralmente como versalhada insípida, a descrição de Domingos Caldas Barbosa apresenta, ao contrário, momentos de grande vivacidade, como ao mostrar o atordoamento dos cães ante a rapidez com que o falcão se antecipa com "brevíssima destreza" para arrebatar-lhes a caça: "Vai das rompentes unhas pendurado/ O pequeno animal, o povo grita:/ Pára o ligeiro cão, como pasmado,/ Sobre o sucesso quasi que medita:/ Ora se move a hum, ora a outro lado:/ Move a cauda co' a vista no ar ficta;/ Mas vê correr ao longe outros, e corre/ Em quanto a lebre ensanguentada morre".

30) *Bilhete De Boas Festas, E Annos Bons Ao Excelentíssimo, E Reverendissimo Senhor Arcebispo Inquizidor Geral Confessor Da Rainha Nossa Senhora.* Sob assinatura D. C. B., pp. 24 a 26.

31) *Ao Illustrissimo, e Excelentíssimo Senhor Jozé De Vasconcellos E Souza. O Jardim*, sem assinatura, mas certamente de Domingos Caldas Barbosa pois, após a fala da Musa dos Jardins — "Tu que tens visto, e tu que alegre cantas/ As acções deste Heróe esclarecido" (o conde de Pombeiro), conclui: "Do Sabio, do Famozo Vasconcellos,/ A legre cantarei o Nome Illustre", pp. 74 a 81.

32) *Tempestade*, sob assinatura de Lereno Selinuntino, pp. 82 a 84.

33) *Canção*, sob a assinatura de Lereno Silu., pp. 85 a 88.

34) *Memorial*, sob a assinatura Lereno Silu., pp. 89 a 94.

Nota: Os versos deste Memorial constituem, na verdade, um peditório de Domingos Caldas Barbosa a d. Mariana de Assis Mascarenhas, senhora próxima do trono da rainha d. Maria ("Já que te chega a ventura,/ Formoza Armania, tão perto,/ A quem de sublime altura/ Nos rege com tanto acerto"), no sentido de obter algum posto na área da Igreja ("Sempre eu quiz,/ Tu tens lembrança,/ O Estado Sacerdotal/ E esperei com confiança/ Sempre no favor real"), que sabia não poder normalmente alcançar por falta de meios ("Este estado não se alcança/ Sem bem patrimonial"). Caldas Barbosa lembrava sua condição de "Filho de honrado Colono,/ Q' em soberba, e curva quilha/ Dos ventos ao desabono/ Foi ao novo Mundo, e Ilha/ Sofrer o perpetuo sono". E após dizer que resistia a invocar como fundamento de seu pedido apenas "o triste nascimento" (preferindo acreditar "que o merecimento/ He base das petiçõens"), fazia clara alusão à possibilidade de ser discriminado em razão de sua cor, embora tal circunstância não tivesse pesado no ânimo do rei d. José I (morto em 1777), ao lhe reconhecer talento: "Mas sei, que o merecimento/ He baze das petições,/ E tenho conhecimento,/ Que não houve dois Adoens./ Louvo o Grande Rei, que attento/ Da côr às vãas distinçoens/ Deu à minha cabimento". E lembrava que a proteção real pouco durou: "Quem diria, quem diria/ Quando o Grande Rei me honrou,/ E da facil Poezia/ agradar-se assim mostrou:/ E a Real protecção pia/ Franquear-me começou,/ Que tão pouco viviria?/ Mas não vive; e eu pobre estou,/ Sem emprego e sem valia".

35) *Traducção De Huma Carta melancolica de M.me Des Houlieres a huma Senhora, que pertendia ser Poeta &c.*, sob a assinatura de Lereno Selin., pp. 95 a 100.

36) *A'Illustrissima, E Excelentissima Senhora Condeça de Pombeiro, No Dia De Seus Annos*, sob a assinatura D. C. B., pp. 117 a 121.

Nota: De permeio às vinte e duas quintilhas de "Parabens de cunho antigo/ Singelos, e verdadeiros", confirma a informação de haver passado Caldas Barbosa da casa de Luís de Vasconcelos e Sousa, marquês de Castelo Melhor, para a de seu irmão, José de Vasconcelos e Sousa, conde de Pombeiro, apenas depois do casamento deste com a aniversariante, d. Mariana de Assis Mascarenhas, a Armania de seus versos: "Quando na desgraça minha/ Jozé estancou meus ais,/ Roguei ao Ceo, qual convinha,/ Desse aos outros grandes mais/ Almas, como a que elle tinha.// Ouve o Ceo meus gritos lassos,/ Foi a minha voz ouvida:/ Teceu esses doces laços,/ Eis sua alma à vossa unida/ Já nos dão dignos pedaços".

Almanak Das Musas, Nova Colleçaõ De Poezias. Offerecida Ao Genio Portuguez. Parte IV. Lisboa: Na Offic. de Joaõ Antonio Da Silva, Impressor de Sua Magestade, Anno M. DCC. XCIII, Com Licença da Real Meza da Commissaõ Geral sobre o Exame, e Censura dos Livros. In-8°, 155 páginas, mais duas folhas não numeradas, tendo a primeira, no anverso, a relação das Erratas.

37) *Ao Muito Alto, E Muito Poderoso Senhor D. João Principe Do Brazil Nosso Senhor &c. &c. &c.* Sob a assinatura de Domingos Caldas Barbosa, pp. 3 a 6.

38) *A Feira Da Luz. Canto.* Sob a assinatura de Ler. Sel., pp. 46 a 50.

39) *Carta A Frandelio, em Que O A. Conta A Nova Paixão Por Anfriza.* Sob a assinatura de Ler. Sel., pp. 51-2.

40) *As Doentes.* Sob a assinatura de Ler. Sel., pp. 53 a 58, ao pé da qual se lê a nota do autor: "Estes Versos precederaõ As Cantigas da Receita de Amor, que hiraõ nos folhetos Viola de Amor, que se darão com brevidade ao Publico". Depreende-se daí que o primeiro nome pensado por Domingos Caldas Barbosa, em 1793, para a série de seus futuros folhetos da *Viola de Lereno*, de 1798, foi *Viola de Amor*.

41) *No Dia Em Que Os Poetas Amigos De Lereno O Ajudaraõ A Louvar Seu Benignissimo Bem Feitor O Illustrissimo, E Excellentissimo Senhor José De Vasconcellos, E Sousa, Conde De Pombeiro, Regedor Das Justiças &c. &c. &c. Na Presença De S. Excellencia.* Sob a assinatura de O Beneficiado Domingos Caldas Barboza, pp. 83 a 87.

Nota: Ao pedir aos outros poetas da Nova Arcádia que o ajudem a louvar a benemerência do conde Pombeiro, dá-se ele mesmo como exemplo: "Em vão se jactem outros/ De trazer Povos a seu carro atados,/ José faz de infelizes venturosos;/ Mais do q aos homens he vencer aos Fados.// Eu mesmo, eu sou exemplo,/ Ouvem-me em roda gratos companheiros,/ Respiramos aqui uma haura pura,/ José vencêo a nossa má ventura".

42) *Festas Na Real Quinta De Queluz, Descriptas Em Huma Carta De Lereno Selynuntino.* Sob a assinatura de Ler. Selinunt., pp. 146 a 153.

16.
OBRAS ATRIBUÍDAS A CALDAS BARBOSA

Quando um dia se completar o levantamento de tudo quanto em autógrafos ou apógrafos se possa considerar como obra de Domingos Caldas Barbosa, ainda restarão como incógnitas a atribuição de fundamento, ou não, a títulos que desde o início do século XIX lhe creditam vários autores.

O primeiro deles seria o geógrafo e estatístico italiano Adrien Balbi, que, em levantamento realizado sob o título de "Tableaux Bibliographique — Des ouvrages publiés em Portugal depuis 1800 jusqu' en 1820" (encaixado de pp. 211 a 311 do 2º tomo de seu *Éssai Statistique sur le Royaume de Portugal et d'Algarve*, de 1822), apontava entre as "Poésie Originaux" editadas em 1806: "Viola de Lereno, ou Collecção de improvizos, e cantigas, de Domingos Caldas de Barboza, 6 números".

Salvo o erro no nome — "de Barboza", em vez do "de Caldas Barbosa" com que o poeta se assinava desde a década de 1770 —, se o registro do título da edição de 1806 da *Viola de Lereno*, por Balbi, foi feito à vista de algum exemplar do livro, como explicar a indicação "6 números"?

É que, mesmo quando essas edições resultavam, ao tempo, da reunião de folhetos anteriormente vendidos por cegos, pelas ruas, ou em certos pontos fixos de Lisboa, as séries eram sempre de oito, e não de seis números, a compor o volume completo da *Viola de Lereno*.

Embora não se conheçam em bibliotecas portuguesas e brasileiras, ou em mãos de bibliófilos particulares, qualquer exemplar dessa anunciada edição de 1806 — que Inocêncio também acusa, aliás, em seu *Dicionário*, sem indicar o editor, e sob o tí-

Domingos Caldas Barbosa   213

tulo de "Viola de Lereno. Collecção das suas cantigas, Lisboa, 1806, 8°" —, é curioso que Balbi complete o título dessa segunda edição com um acréscimo em relação ao da primeira edição, de 1798. De fato, enquanto consta não apenas dessa primeira edição, mas de todas as demais conhecidas — de 1813, na Bahia, de 1819 e de 1845, em Lisboa — sempre o título "Viola de Lereno. Collecção das suas cantigas, oferecidas aos seus amigos" (o que se repetiria inclusive no segundo volume aparecido em 1826), o registrado por Balbi consigna: "Viola de Lereno ou Colecção de improvizos, e cantigas, de Domingos Caldas de Barboza". Assim, a ter realmente existido essa edição de 1806, terá constituído repetição da de 1798 ou, talvez, edição ampliada com improvisos recolhidos após a morte do poeta em 1800?

A pergunta tem pertinência ante a existência de pelo menos uma edição da *Viola de Lereno* posterior a 1806 (talvez clandestina ou "pirata"), que em lugar de volume único enfeixando os oito folhetos que compunham a obra, aparecia em dois tomos encadernados em capa dura pelo desconhecido editor, cada qual reunindo quatro folhetos de venda avulsa, com suas capinhas originais de cor azulada. No que seria o segundo tomo dessa edição, adquirido pelo autor deste livro em Lisboa, e em que constam os folhetos de números 5, 6, 7 e 8, lê-se como toda indicação ao pé das capas em papel ordinário dos folhetos: "Vende-se por 120 réis na Loja do Livreiro do Passeio". Na lombada da encadernação de época, em couro escuro, aparece gravado: "Viola/ de/ Lereno/ N-/ 5, 6/ 7, 8".

Esse misterioso editor autodenominado Livreiro do Passeio poderia ser, talvez, Antonio Nunes dos Santos, identificado por Eduardo Noronha em seu trabalho *Pina Manique: o Intendente do Antes Quebrar...* como impressor de folhetos de versos de Caldas Barbosa por volta de fins do século XVIII: "Os anúncios dessa época" — escreve Noronha em nota de pé de página — "denominavam Caldas Barbosa beneficiado e bacharel. Reuniu em folhetos, em oitavo, suas cantigas e improvisos, impressos por Antonio Nunes dos Santos, livreiro impressor estabelecido no

214   José Ramos Tinhorão

VIOLA
DE
LERENO
N.º 5

CONTEM

Cumprimento do voto.
Diga o Mundo o que quizer.
Coração não gostes della.
O meu livre coração.
A Illustre Amira.
A Armania.
Lereno melancolico.
Não se resiste à Amor.
Clamor de Lereno.
... lerta que Amor faz guerra.
Partida de Metastazio.

Vende-se por 120 *reis na Loja do Livreiro ao Passeio.*

Lombada e "Folheto n° 5" do segundo tomo de uma edição não-identificada da *Viola de Lereno*, em encadernação de época, lançada em Lisboa sem indicação de editor ou data.

Rossio. Vendiam-se aí o *Almanaque das Musas*, com inserção de produções da Nova Arcádia".[156]

O segundo autor a atribuir novos títulos à lista de obras de Domingos Caldas Barbosa seria o dicionarista Inocêncio Francisco da Silva (nascido em 1810), que além de possuidor de extensa biblioteca formada a partir de 1820, ficaria conhecido — conforme atestam os milhares de verbetes de seu *Dicionário bibliográfico português* começado a publicar em 1858 — como o maior conhecedor do que se publicou em Portugal e no Brasil a partir de meados do século XVIII. E é esse minucioso e perseverante investigador quem, ao complementar suas informações sobre Caldas Barbosa no tomo II, de 1859, de seu *Dicionário*, ia acrescentar no tomo IX, de 1870, em tom de certeza: "Caldas Barbosa é também autor de uma obra ainda hoje inédita, e da qual o sr. Figanière me afirmou haver examinado o autógrafo. É um *Tratado da educação das meninas, posto em português*. Divide-se em treze capítulos, e ocupa 164 folhas ou 328 pp. no formato 4º".

Além dessa informação baseada em testemunho responsável e por ele aceita como boa, Inocêncio ia atribuir ainda a Caldas Barbosa — já agora com base em pressuposto aceito por muitos contemporâneos — a verdadeira autoria de outra tradução do francês: a da *Henriade*, de Voltaire, que sob o título de *Henrique IV* sairia em 1807 como sendo do protetor do poeta, José de Vasconcelos e Sousa. Ao focalizar o nome do conde de Pombeiro, já então marquês de Belas, Inocêncio anotaria em 1860, no tomo IX de seu *Dicionário bibliográfico*:

> "*Henrique IV. Poema épico, traduzido do original francês por*... Lisboa, na Regia Typ. Silviana 1807, 4º de 203 pp.

Posto que o marquês se dava por autor desta tra-

---

[156] Eduardo de Noronha, *Pina Manique: o Intendente do Antes Quebrar...*, cit., p. 103.

dução, não faltou quem julgasse, e talvez com fundamento, que ela não era obra sua, e sim do seu amigo e protegido, Domingos Caldas Barbosa; dizem que morrendo este [em 1800] sem o ter publicado, o marquês dela se apossou, dando-a à luz anônima porém inculcando-a particularmente como sua."

A terceira indicação de suposta autoria de obra em versos de Caldas Barbosa, não incluída em sua bibliografia conhecida, seria a do dicionarista de literatura brasileira Augusto Vitorino Alves Sacramento Blake (Bahia, 1827-1903). Na longa notícia sobre Domingos Caldas Barbosa no segundo volume de seu *Dicionário bibliográfico brasileiro*, de 1893, Sacramento Blake incluía na relação de obras do poeta clérigo, sem qualquer ressalva:

> "*Poema Mariano* ou narração dos mais espantosos e extraordinários milagres de N. S. da Penha, venerada na província do Espírito Santo e em todas as partes do Brasil, por Domingos Caldas, natural da Bahia, dada à luz por Inácio Felix de Alvarenga Salles, padre-mestre jubilado, etc. Vitória [Estado do Espírito Santo], 1854. Teve segunda edição no livro 'As maravilhas da Penha ou lendas e histórias da Santa e do virtuoso frei Pedro de Palacios', pelo major J. J. Gomes da Silva Neto [em 1888], de pp. 184 a 221. Compõe-se de 76 oitavas em verso heróico e foi escrito em 1770."[157]

O poema teve nova edição prefaciada e anotada pelo padre Ponciano dos Santos Stenzel, sob o título de *Poema mariano sobre a Penha do Espírito Santo*, em 1934.

---

[157] Augusto Vitorino Alves Sacramento Blake, *Dicionário bibliográfico brasileiro*, cit., 2° volume, p. 202.

Domingos Caldas Barbosa

Se esse padre "Domingos de Caldas, natural da Bahia", fosse de fato Domingos Caldas Barbosa (que realmente chegou a ser dado como "natural da Bahia"), e o "Poema mariano" datasse de 1770, como afirmado, essa época corresponderia ao conturbado período da vida do poeta, após sua volta a Lisboa, e em que não esteve de fato ausente a preocupação com os temas religiosos, como prova a publicação, em 1776, da sua *Recopilação dos principais sucessos da História Sagrada em verso*. A leitura do "Poema mariano" — que revela, aliás, em seu autor, um poeta de muito boa qualidade — não indica, porém, obra de Domingos Caldas Barbosa: os versos obedecem rigorosamente aos padrões do poema clássico e demonstram por certos pormenores da descrição da imagem de N. S. da Penha, de Vitória, que o padre poeta registrava impressões *de visu*. E Caldas Barbosa, de volta do Sul do Brasil, seguiu diretamente para Portugal.

Colocada, assim, a atribuição dessas várias obras à autoria de Domingos Caldas Barbosa como autênticos enigmas, caberá a futuros historiadores da literatura brasileira a sua elucidação.

17.
BIBLIOGRAFIA GERAL DE CALDAS BARBOSA

MANUSCRITOS

Cantigas de Lereno Selinuntino Da Arcadia de Roma. Acervo da Biblioteca do Gabinete Português de Leitura, Rio de Janeiro.

Viola de Lereno, quarta parte. Manuscrito português em letra do século XVIII, em papel com a marca-d'água "Gior. [?] Magnani". Vendido em 2002 a comprador não declarado pelo livreiro internacional Richard C. Ramer, conforme informação no *site* da World Book Dealers. [Nota: 27 composições de Caldas Barbosa, 19 das quais não incluídas nos volumes da *Viola de Lereno*.]

COLETÂNEAS IMPRESSAS

Almanak/ Das/ Musas,/ Offerecido/ Ao Genio Portuguez Parte I [vinheta il.]/ Lisboa,/ Na Officina de Filippe Jozé De França,/ Anno M.DCC.XCIII [1793]/ Com licença da Real Meza da Commissaõ Geral, so-/bre o Exame/ e Censura dos Livros.

Almanak/ Das/ Musas./ Nova Collecçaõ/ De Poesias,/ Offerecida/ Ao/ Genio Portuguez./ Parte Segunda./ [vinheta il.]/ Lisboa/ —/ Na Officina De Antonio Gomes./ Anno MDCCXCIII, [1793] Com licença da Real Meza da Commissão Geral,/ sobre o Exame, e Censura dos Livros.

Almanak/ Das/ Musas,/ Nova Coleçaõ/ De Poezias./ Offerecida/ Ao Genio Portuguez./ Parte III/ [vinheta il.]/ Lisboa: Na Offic. De João Antonio Da Silva,/ Impressor de Sua Magestade,/ Anno M.DCC.XCIII [1793]/ Com licença da Real Meza da Commissaõ Geral/ sobre o Exame, e Censura dos Livros.

Almanak/ Das/ Musas,/ Nova Colleçaõ/ De Poezias./ Offerecida/ Ao Genio Portuguez./ Parte IV./ [vinheta il.]/ Lisboa:/ Na Offic. de João Antonio Da Silva,/ Impressor de Sua Magestade,/ Anno M.DCC.XCIII [1793]/ Com Licença da Real Meza da Commissão Geral/ sobre o Exame, e Censura dos Livros.

Antologia/ Dos/ Poetas Brasileiros/ Da/ Fase Colonial/ Por/ Sérgio Buarque de Holanda/ Volume I/ Revisão Crítica Por/ Aurélio Buarque de Holanda Ferreira/ Rio de Janeiro/ Departamento de Imprensa Nacional, 1953.
[Nota: Transcreve 16 composições de Caldas Barbosa.]

A Cantora Brazileira/ Nova/ Collecção/ De/ Modinhas Brazileiras/ Tanto Amorosas Como Sentimentaes/ precedidas/ De/ Algumas Reflexões Sobre a Música No Brasil/ —/ Rio de Janeiro/ Vende-se na livraria de — B. L. Garnier/ 65 — Rua do Ouvidor — 65/ —/ 1878.

A Cantora Brazileira/ Nova/ Collecção/ de/ Hymnos, Canções/ E/ Lundus/ Tanto Amorosos Como Sentimentaes/ precidos/ De/ Algumas Reflexões Sobre a Música No Brazil/ —/ Rio de Janeiro/ Vende-se na livraria de — B. L. Garnier/ 65 — Rua do Ouvidor — 65/ —/ 1878.

Florilegio/ Da/ Poesia Brazileira,/ Ou/ Collecção Das Mais Notáveis Composições/ Dos Poetas Brazileiros Falecidos/ Contendo As Biographias/ De Muitos Delles,/ Tudo Precedido De Um/ Ensaio Histórico Sobre As Lettras/ No Brazil/ —/ Tomo II/ vinheta/ Lisboa/ Na Imprensa Nacional/ —/ 1850.
[Nota: Antologia organizada por F. A. de Varnhagen e entregue ao editor em Lisboa no ano de 1846, mas só impressa em 1850 devido a atrasos decorrentes da demora das correções, nas idas e vindas do correio entre Brasil e Portugal.]

Parnaso Brazileiro/ —/ Século XVI-XIX/ —/ I/ 1556-1840/ —/ [epígrafe tirada de *Documents Littéraires*, de Émile Zola]/ — B. L. Garnier, Editor/ Rio de Janeiro/ — /1885.
[Nota: Antologia organizada e prefaciada por Mello Moraes Filho.]

Obra impressa

*Collecção de Poesias feitas na feliz inauguração da Estatua Eques-
tre de Elrey Nosso Senhor Dom José I em 6 de junho de
1775, por Domingos Caldas Barbosa* s. impr., s. d.
20 x 15; 27 pp. Título impresso na primeira página.

*Narração dos applausos com que O Juiz do Povo e Casa dos
Vinte-Quatro festeja a felicissima Inauguração da Estatua
Equestre onde tambem se expõem as allegorias dos Carros,
figuras, e tudo o mais concernente às ditas Festas.* Lisboa,
Na Regia Officina Typografica. Anno MDCCLXXV 1755.
Com Licença da Real Meza Censoria.
21 x 16; 123 pp., 1 fl. s. n. com dois sonetos.
[Nota: Repetição das poesias já publicadas na *Coleção de Poesias feitas na feliz inauguração da Estátua Eqüestre de El-rey Nosso Senhor
dom José I,* com falta apenas do soneto iniciado com o verso: "Ja de
huma, e outra parte a estranha gente".]

*Recopilação dos principaes sucessos da História Sagrada em ver-
so por Domingos Caldas Barbosa.* Lisboa, na Regia Officina
Typografica. Anno MDCCLXXVI [1776]. Com Licença da
Real Meza Censoria.
14 x 10; 36 pp.
[Nota: Segundo informação de Sacramento Blake em seu *Dicionário
bibliográfico brasileiro,* houve edição no Porto em 1792 (que ele considerava erroneamente a primeira, por desconhecer a de 1776), e que
citava com o título modificado de *Recapitulação dos successos principaes da escriptura sagrada (em verso);* outra edição "aumentada e
adicionada de um índice mui copioso", em Lisboa, 1793, 184. pp.
in-8º; uma quarta edição, ainda em Lisboa, em 1819 e, finalmente,
uma primeira edição brasileira (e quinta, da obra) promovida pelo
cônego Joaquim Caetano Fernandes Pinheiro, Rio de Janeiro, Garnier,
1895.]

*A Doença. Poema Offerecido á Gratidão por Lereno Selinuntino
da Arcadia de Roma, alias D. C. B.,* Lisboa, na Regia Officina Typografica, Anno MDCCLXXVII [1777] Com Licença da Real Meza Censoria.

Domingos Caldas Barbosa

14 x 19; 49 pp. Vinheta na capa e como ornamento no alto da p. 3, início do Canto I.

[Nota: Sacramento Blake em seu *Dicionário bibliográfico* anota que, por desconhecer essa edição, Varnhagen "diz que o poema só se imprimira póstumo em Lisboa, em 1801: edição de que, pela minha parte, declaro não ter alcançado até agora mais notícia".]

Nas felicissimas nupcias do Ilustrissimo, e Excellentissimo Senhor Antonio de Vasconcelos e Sousa, Conde de Calheta, com a Excellentissima Senhora D. Mariana de Assis Mascarenhas Epithalamio. Lisboa, Na Regia Officina Typografica. Anno 1777. com Licença da Real Meza Censoria.

15 x 10; 7 pp.

Os Viajantes Ditosos. Drama Jocoso em Musica para se representar no Theatro do Salitre no anno de 1790. Lisboa, Na Officina de Jose de Aquino Bulhões. Anno M.DCC.XV [1790]. Com Licença da Real Meza da Commissão Geral sobre o Exame, e Censura dos Livros.

15 x 10; 96 pp. Numeradas de 9 em diante.

[Nota: As pp. 3 a 5 são ocupadas pelos nomes dos atores e pela indicação de que a música é do Maestro Marcos Antonio [Marcos Antonio Portugal], tudo sob o título "Da Sociedade do Salitre ao Respeitavel Publico".]

A Saloia Namorada, ou O Remedio he Casar: pequena farça Dramatica que em sinal da sua gratidão ao obsequio dos generosos senhores portugueses, offerece, e dedica no dia de seu beneficio Domingos Caporalini, e Miguel Cavanna, Representada por elles, e outros socios da Companhia Italiana no Theatro de S. Carlos. Anno de 1793. Lisboa MXCCXCIII 1793. Na Offic. De Simão Thadeo Ferreira. Com Licença da Real Meza da Commissão Geral sobre o Exame, e Censura dos Livros.

15 x 10; 24 pp. numeradas de 6 a 22.

[Nota: A p. 3 é ocupada pelos nomes dos atores, e na p. 4 lê-se: "A Composição do Drama he de Lereno Salenciantino [*sic*], Socio da Arcadia de Roma. A Musica he do Senhor Antonio Leal Moreira, Mestre do Real Seminario de Lisboa".]

Recopilação dos successos principaes da História Sagrada em verso, pelo Beneficiado Domingos Caldas Barbosa, Capellão da Casa da Supplicação, Socio da Arcadia de Roma, com o nome de Lereno Selinuntino. Segunda Impressão. Augmentada, correcta, e addicionada com hum Index alphbetico, que lhe serve de Annotaçõens. Lisboa, Na Off. De Antonio Rodrigues Galhardo, Impressor da Serenissima Casa do Infantado, Anno M.DCC.XCIII [1793]. Com Licença da Real Meza da Comissão sobre o Exame e Censura dos Livros. 15 x 10; 184 pp.

[Nota: Da pp. 3 a 5 a dedicatória em verso "Á Mocidade Portugueza", seguindo-se os 1998 versos do poema até p. 76 e, de p. 77 até o fim o "Index Alphabetico, que serve de annotaçõens a esta Recopilação". Em seu *Dicionário bibliográfico português*, tomo 2, p. 186, da edição de 1859, Inocêncio Francisco da Silva comenta: "Esta edição, posto que consideravelmente melhorada, teve poucos compradores, e a maior parte dos exemplares conserva-se ainda intacta, a ser certo o que me afirmaram, na casa dos marqueses de Castelo-Melhor".]

A Vingança da Cigana: Drama Joco Serio De Hum Só Acto, Para Se Representar No Real Theatro De S. Carlos, Pela Companhia Italiana, Offerecido Ao Publico Por Domingos Caporalini No Dia Do Seu Beneficio. Anno De 1794. Lisboa, Na Officina de Simão Thadeo Ferreira. Com Licença da Real Meza da Comissão Geral Sobre o Exame, e Censura dos Livros. 20 x 15; 48 pp. numeradas de 6 a 47.

[Nota: No meio da capa lê-se, entre dois fios gráficos horizontais, a indicação: "A Poesia he de Lereno Selinuntino Arcade Romano", e "A Musica he do Sr. Antonio Leal Moreira, Mestre do Real Seminario, e do mesmo Theatro".]

A Vingança da Cigana. Edição fac-similada de exemplar da 1ª ed. de 1794, distribuída como libreto da peça por ocasião de sua apresentação no Brasil, pela Associação Ópera Brasília, na Sala Martins Pena do Teatro Nacional de Brasília em 18 de novembro de 1983.

A Escola dos Ciosos. Drama Jocoso em hum só Acto. Traduzido livremente do Idioma Italiano em versos Portuguezes para se representar em Musica No Real Teatro de S. Carlos, Offerecido ao Publico, Por Francisco Marquesi No Dia do Seu Beneficio: A Musica he do celebre Mestre da Capella o Senhor Salieri. Lisboa. M.DCC.LXXXXV [1795]. Na Officina de Simão Thadeo Ferreira.

15 x 10; 66 pp. numeradas de 6 em diante.

[Nota: A p. 3 é ocupada pelos nomes dos atores italianos. Embora, tal como acontece com as peças *A vingança da cigana* e *Os viajantes ditosos*, o nome de Caldas Barbosa não apareça, o dicionarista Inocêncio declara, convicto: "Posto que não tragam o seu nome, inclino-me a crer que também lhe pertencem dois outros dramas do mesmo gênero, e cujo estilo e linguagem não desmente a meu ver dos que ficam mencionados. O primeiro intitula-se: *Os viajantes ditosos*, drama jocoso em musica, para se representar no theatro do Salitre no ano de 1790, Lisboa, na Offic. de José de Aquino Bulhões 1790. 8° de 96 p.

— O segundo tem por título: *A Escola dos ciosos*, drama jocoso em um só ato, traduzido livremente do italiano em versos portugueses, para se representar em musica no real theatro de S. Carlos, etc.". Na Biblioteca Nacional de Lisboa existe cópia do original italiano *La scuola de gelosi*, de Caterino Mazzolà (?-1800) sob a indicação de catálogo: BN/ BN EMP. FR COD. 1397// 1.]

Viola de Lereno: collecção das suas cantigas, offerecidas aos seus amigos. Volume I. Lisboa: Na Officina Nunesiana. Anno 1798. Com licença da Meza do Desembargo do Passo.

16 x 11; oito folhetos de 32 páginas numerados de 1 a 8, e com 4 pp. de índice.

[Nota: Este primeiro volume da *Viola de Lereno* teria tido segunda edição em Lisboa, em 1806, e com o título — segundo Adrien Balbi à p. 246 do 2° tomo de seu *Éssai statistique sur le Royaume de Portugal et d'Algarve* (Paris, Che Rey et Gavier, Libraires, 1822) — de "Viola de Lereno, ou Collecção de improvizos, e cantigas, de Domingos Caldas de Barboza, 6 números"; 3ª edição em 1813, Bahia, na Typographia de Antonio da Silva Serva; 4ª edição em Lisboa, Na Typografia Rollandiana 1819. Com Licença da Meza do Desembargo do Paço. Vende-se em Casa do Editor F. B. O. de M. Mechas, no Largo do Cáes de Sodré, N. 3. A.; 5ª edição, Lisboa, na Impressão de João Nunes Esteves,

1825; 6ª edição, com a indicação de Nova Edição, em Lisboa, Na Typographia Rollandina, 1845; 7ª edição, Rio de Janeiro, Imprensa Nacional — INL, 1944; 8ª edição, Rio de Janeiro, Civilização Brasileira, s/d [1980]. Além destas, Sacramento Blake dá notícia de possível outra edição brasileira: "Parece-me que ainda houve uma edição brasileira de 1825", e o autor deste livro possui o que seria o segundo tomo de uma edição do primeiro volume da *Viola de Lereno* que reúne, em encadernação da época, os folhetos ou cadernos com suas capas, numeradas de 5 a 8 (fazendo supor, portanto, a existência de outro tomo, igualmente encadernado pelo editor, com os folhetos de 1 a 4). Este segundo tomo, com as capinhas dos cadernos sem indicação de ano ou editor, tem ao pé a informação: "Vende-se por 120 reis na Loja do Livreiro do Passeio".

Descripção Da Grandiosa Quinta Dos Senhores De Bellas, E Noticia Do Seu Melhoramento, Offerecida Á Illustrissima, E Excellentissima Senhora D. Maria Rita De Castello Branco Correa E Cunha, Condeça De Pombeiro, E Senhora De Bellas, Por Seu Humilde Servo O Beneficiado Domingos Caldas Barboza, Capellão Da Relação. Lisboa: M.DCC.XCIX. [1799]. Na Typographia Regia Silviana. Com licença da Meza do Dezembargo do Paço.

20 x 15; 90 pp.

[Nota: Texto em prosa ocupando da p. 3 à p. 87, com página final não numerada: "Erratas Emendas". Cópia obtida pelo autor de exemplar da Biblioteca Geral da Universidade de Coimbra.]

Viola de Lereno, 2º volume, Lisboa, Tipografia Lacerdina, 1826. 2ª edição, Rio de Janeiro, Imprensa Nacional — INL, 2 vols., 1944.

Viola de Lereno, Rio de Janeiro, Imprensa Nacional, 1944. 2 vols: 1º reproduzindo 1ª edição de 1798; 2º reproduzindo 1ª ed. do 2º tomo, de 1826.

Viola de Lereno, Rio de Janeiro, Civilização Brasileira, 1980. Reprodução em um volume dos dois tomos de 1798 e 1826.

Domingos Caldas Barbosa

FONTES E BIBLIOGRAFIA

PESQUISAS EM PORTUGAL

LISBOA

Arquivo Nacional da Torre do Tombo
Biblioteca Nacional
Biblioteca da Ajuda
Biblioteca da Academia Real das Ciências de Lisboa

COIMBRA

Arquivo da Universidade de Coimbra
Biblioteca Geral da Universidade de Coimbra
Biblioteca da Faculdade de Letras da Universidade de Coimbra

PESQUISAS NO BRASIL

RIO DE JANEIRO

Biblioteca Nacional
Biblioteca do Gabinete Português de Leitura

SÃO PAULO

Biblioteca Mário de Andrade (Biblioteca Municipal)

FOLHETOS DE CORDEL

COLEÇÕES

Almocreve de Petas, Ou Moral Disfarçada Para Correcção Das Miudezas da Vida. Por José Daniel Rodrigues da Costa. Entre os Poetas Do Tejo, Josino Leiriense. Segunda edição. Lisboa: na Officina de J. F. M. de ·

Domingos Caldas Barbosa

Campos, 1819. Reunião, em três tomos do mesmo ano, de folhetos publicados sob o mesmo título de 11 de janeiro de 1797 a fins de janeiro de 1800, e relançados de 1817 a 1819, quando editados sob a indicação de Segunda Edição.

Folheto de Ambas Lisboas. Lisboa Ocidental, Na Officina da musica. Série de folhetos publicados em Lisboa de 23 de junho de 1730 a 18 de agosto de 1731, perfazendo o total de 26 números, segundo informações do dicionarista Inocêncio e de Gustavo de Matos Sequeira (que possuiu coleção completa do periódico, cujo antigo possuidor identificava o autor anônimo do *Folheto de Ambas Lisboas* como sendo Jerônimo Tavares Mascarenhas de Távora).

Anatomico Jocoso, Que Em Diversas Operaçõens manifesta a ruindade do corpo humano, para emenda do vicioso: Consta de varias obras em Proza... pelo padre Fr. Francisco Rey de Abreu Matta Zeferino. Tomo Primeiro, Lisboa, na Officina do Doutor Manoel Alvarez Solano. Anno MDCCLV [1755].

Anatomico Jocoso... — Tomo II. *Consta de Varias Cartas Metafóricas, Jocoserias, E Gazetarias*. Segunda impressão. Lisboa, na Officina de Miguel Rodrigues, MDCCLVIII [1758].

Anatomico Jocoso... — Tomo III. *Consta de Varias Farsas, Entradas, Loas, Entremezes, a diversos Festejos*. Lisboa, na Officina de Miguel Rodrigues, MDCCLVIII [1758].

Romancero General; ó Collecion de Romances Castellanos Anteriores al Siglo XVIII, Recogidos, Ordenados, Clasificados y Anotados por Agustin Duran, Madri, Atlas, 2 vols., 1945 (Reprodução dos volumes 10 a 16 da Biblioteca de Autores Españoles publicados pela primeira vez de 1828 a 1832 com o título de *Colleción de romances antiguos ó Romanceros*).

DICIONÁRIOS BIBLIOGRÁFICOS

Blake, Sacramento. *Diccionario bibliographico brazileiro*. 1° volume. Rio de Janeiro: Typ. Nacional, 1883; 2° volume. id. Imprensa Nacional, 1893; 3° volume, id. 1895; 4° volume, id. 1898; 5° volume, id. 1899; 6° volume, id. 1900; 7° volume, id. 1902. Reimpressão de offset, Rio de Janeiro: Conselho Federal de Cultura, 1970.

Coutinho, Afrânio. *Enciclopédia da literatura brasileira*. São Paulo: Global Editor-Rio de Janeiro, Biblioteca Nacional/ DNI — Academia Brasileira de Letras, 2 vols., 2ª ed. revista, ampliada, ilustrada, 2001.

Silva, Inocêncio Francisco da. *Diccionario bibliographico portuguez — Estudos de Inocêncio Francisco da Silva* (1810-1876) aplicáveis a Portugal e ao Brasil. Lisboa: Imprensa Nacional, 1858-1870. Nove volumes sob a direção de Inocêncio de 1883 a 1911, mais onze volumes sob a direção de Pedro Venceslau Brito Aranha. Acrescido em 1958 de Guia Bibliográfico, por Ernesto Soares, publicado como suplemento do Boletim da Biblioteca da Universidade de Coimbra, volume XXIII.

CATÁLOGOS E BIBLIOGRAFIAS

Cascudo, Luís da Câmara. *Dicionário do folclore*. Rio de Janeiro: Instituto Nacional do Livro, 1954.

Catálogo da Coleção de Miscelâneas da Biblioteca Geral da Universidade de Coimbra (oito tomos publicados de 1967 a 1976). Tomo 7° — Teatro. Prefácio do doutor Anibal Pinto de Castro. Coimbra: 1974.

Sampaio, Albino Forjaz de. *Subsídios para a história do teatro portuguez — Teatro de cordel (Catálogo da Colecção do Autor)*. Publicado por ordem da Academia das Ciências de Lisboa. Lisboa: Imprensa Nacional, 1922.

Sousa, Galante de. *O teatro no Brasil*. Tomo II: *Subsídios para uma bibliografia do teatro no Brasil*. Rio de Janeiro: INL, 1960.

BIBLIOGRAFIA GERAL

Aguirre, Dom Juan. *Diário de J. F. de Aguirre*, in Anales de la Biblioteca. Publicación de Documentos Relativos al Rio de la Plata. Buenos Aires: Imprenta y Casa Editora de Coni Hermanos, 1905, tomo V, pp. 23-34; 66-80 e 114-23.

"Ainda depois de destruída Babilônia é grande! O Colégio da Companhia de Jesus no Morro do Castelo", *in Revista da Semana*, n° 44, de 29 de outubro de 1921. Notícia histórica, não assinada, sobre o Colégio dos Jesuítas do Rio de Janeiro (quase certamente de autoria de Escragnole Doria), a propósito da demolição do prédio, como parte das obras de arrasamento do Morro do Castelo em obediência a plano de urbanização da cidade.

Almeida, Nicolau Tolentino de. *Obras completas de Nicolau Tolentino de Almeida*. Lisboa: Editores-Castro Irmãos & Ca., 1861.

Domingos Caldas Barbosa

ALMEIDA, Pires de. *Brasil-Teatro*. Rio de Janeiro: três fascículos de 1901 a 1906.

ARAÚJO, Mozart de. *A modinha e o lundu do século XVIII*. São Paulo: Ricordi Brasileira, 1963.

ARAÚJO, Mozart de. *Rapsódia brasileira: textos reunidos de um militante do nacionalismo musical*. Fortaleza: Universidade Federal do Ceará, 1994.

ARAÚJO, Mozart de. *Sigismund Neukomm, um músico austríaco no Brasil*, separata da *Revista Brasileira de Cultura do Conselho Federal de Cultura*, Rio de Janeiro, 1969.

ALVES, Maria Theresa Abelha. *"Viola de Lereno*: paixão e canto", *in Convergência Lusíada*, Revista do Real Gabinete Português de Leitura, nº 15, Rio de Janeiro, 1998.

AZEVEDO, Fernando de. *A cultura brasileira: introdução ao estudo da cultura no Brasil*. São Paulo: Companhia Editora Nacional, 2ª ed., 1944.

AZEVEDO, Moreira de. *Mosaico brasileiro*. Paris: B. L. Garnier, 1869 ou 1870.

BÉHAGUE, Gerard. "Two Eighteenth Century Anonymous Collections of Modinhas", *in Yearbook* do Inter American Institute for Musical Research, vol. IV, 1968.

BÉHAGUE, Gerard. "From modinha to aboio: Luso-Brazilian tradition in the music of Bahia, Brazil", versão revista e ampliada de comunicação apresentada no Colóquio "Portugal and the World". Lisboa: Publicações D. Quixote, 1997.

BELL, F. G. Aubrey. *A literatura portuguesa (história e crítica)*. Coimbra: Imprensa da Universidade, 1931.

BOCAGE. *Líricas e sátiras de Bocage*. Porto: Editorial Domingos Barreiro, s/d.

BOCAGE. *Poesias eróticas, burlescas e satíricas*. Bruxelas: MDCCCLXXXVII [1887].

BOCAGE. *Poesias eróticas burlescas e satíricas de M. M. Barbosa du Bocage*. Não compreendidas em várias edições das obras d'este poeta, 1911.

BRAGA, Teófilo. *Filinto Elysio e os dissidentes da Arcádia: a Arcádia Brasileira*. Porto: Livraria Chardron, 1901.

BRAGA, Teófilo. *Memórias para a vida íntima de José Agostinho de Macedo por Inocêncio Francisco da Silva. Obra póstuma. Organizada sobre três redações manuscritas de 1843, 1854 e 1863 e ampliada enquanto a Documentos, Bibliografia por Teófilo Braga*. Lisboa: Por ordem e na Tipografia da Academia Real das Ciências, 1898.

BRAGA, Teófilo. *Manual da história da literatura portuguesa desde as suas origens até ao presente*. Porto: Livraria Universal, 1875.

BRAGA, Teófilo. *História da literatura portuguesa IV — Os árcades*. Lisboa: Livro de Bolso Europa-América, s/d.

BRAGA, Teófilo. *História da poesia popular portuguesa. As origens*. 3ª edição reescrita. Lisboa: Manuel Gomes, Editor, 1902.

BRETONNE, Restif de la. *Le Palais-Royal*. Paris: Louis-Michaud, s/d.

BYRON, John. *A voyage round the world, in His Majesty's ship The Dolphin*. London: Printed for J. Newbery in St. Pauls Church-Yard and F. Newbery, in Pater Noster Row MDCCLXVII [1767].

BYRON, John. *Voyage autour du monde fait en 1748 & 1765 Sur le vaissau de guerre anglais Le Dauphin, commendée par le Chef-d'Escadre Byron*. Paris: Chez Molini Libraire, MDCCLXVII [1767]. Avec Approbation & Privilége du Roi.

CALMON, Pedro. *História social do Brasil, 1º Tomo — Espírito da sociedade colonial*. São Paulo: Editora Nacional, 3ª ed., s/d.

CANDIDO, Antonio. *Formação da literatura brasileira, Vol. 1 (1750-1836)*. São Paulo: Editora da Universidade de São Paulo/Editorial Itatiaia, 5ª ed., 1975.

CARVALHO, Delgado de. *História da cidade do Rio de Janeiro*. Rio de Janeiro: 1926.

CARVALHO FRANÇA, Jean Marcel. *Visões do Rio de Janeiro colonial: antologia de textos, 1531-1800*. Rio de Janeiro: José Olympio, 1999.

CASCUDO, Luís da Câmara. *Caldas Barbosa, por Luís da Câmara Cascudo*. Rio de Janeiro: Livraria Agir, 1958.

CHAVARRI, Eduardo López. *Musica popular española*. Barcelona/Madri: Editorial Labor, 2ª ed., 1940.

CIDADE, Hernâni. *Bocage, a obra e o homem*. Lisboa: Arcádia, 1980 (4ª edição da editora Arcádia: 1ª ed. Livraria Lello & Irmão, Porto, 1936).

Compèndio di Letteratura italiana II — dal Cinquecento al Settecento. Roma: Newton & Compton Edittori, 2001.

CORREIA, Laureano. *O teatro e a censura em Portugal na segunda metade do século XVIII*. Lisboa: Imprensa Nacional/Casa da Moeda, 1988.

COSTA, F. A. Pereira da. *Enciclopediana brasileira*. Recife: Tip. de F. P. Boulitreau, 1889.

CRULS, Gastão. *A aparência do Rio de Janeiro*. Rio de Janeiro: José Olympio, 1º vol., 1965.

Domingos Caldas Barbosa

EDMUNDO, Luís. *Recordações do Rio antigo*. Editora A Noite, 1950.

FAZENDA, Vieira. "Antiqualhas e memórias do Rio de Janeiro", *in Revista do Instituto Histórico e Geográfico Brasileiro*, tomo 86, vol. 40, de 1919; tomo 88, vol. 142, 2ª ed., 1940; tomo 93, vol. 147, de 1923, 2ª ed., 1927; tomo 95, vol. 149, 2ª ed., 1943.

FERREIRA, Felix. "Domingos Caldas Barbosa", *in Brasil Ilustrado*, ano I, nº 10. Rio de Janeiro: 1887.

FLEIUSS, Max. *História administrativa do Brasil*. Rio de Janeiro: Imprensa Nacional, 1923.

FLEIUSS, Max. *História da cidade do Rio de Janeiro*. São Paulo: Melhoramentos, s/d [1928].

FONSECA, Luísa da. "Bacharéis brasileiros. Elementos biográficos (1635-1830)", *in Anais do IV Congresso de História Nacional*, vol. XI, Rio de Janeiro, 1949.

FRAN PAXECO. *O sr. Sílvio Romero e a literatura portuguesa*. Maranhão: Editores A. P. Ramos d'Almeida & Suces., 1900.

FREITAS, Frederico de. "A modinha — portuguesa e brasileira (Alguns aspectos do seu particular interesse musical)", *in Bracara Augusta*, Revista Cultural de Regionalismo e História da Câmara Municipal de Braga, vol. XXVIII, nºs 65-66 (77-78), 1974.

GONÇALVES, Adelto. *Bocage: o perfil perdido*. Lisboa: Editorial Caminho, 2003.

LAPA, Rodrigues. *Das origens da poesia lírica em Portugal na Idade Média*. Lisboa: Depositário Seara Nova, edição do autor, 1930.

LIMA, Oliveira. *Aspectos da literatura colonial brasileira*. Leipzig: F. A. Brockhaus, 1896.

LOBO, Francisco Rodrigues. *Églogas*. Coimbra: Imprensa da Universidade, 1928.

MACEDO, Joaquim Manuel de. *Ano biográfico brasileiro*. Rio de Janeiro: Tipografia e Litografia Imperial Instituto Artístico, 3º vol., 1876.

MACEDO, Joaquim Manuel de. *As mulheres de mantilha*. Romance histórico. Rio de Janeiro: Oficinas Gráficas do Jornal do Brasil, 1934.

MELO, Leitão C. de. *Visitantes do Rio de Janeiro no Império*. São Paulo: Companhia Editora Nacional, 1934.

MORAIS, Francisco. "Estudantes da Universidade de Coimbra nascidos no Brasil", *in* Suplemento do vol. IV da revista *Brasília*, Coimbra, 1949.

Morais, Manuel. "Domingos Caldas Barbosa (fl. 1755-1800): compositor e tangedor de viola?". Cópia cedida pelo autor para citação neste livro.

Morais, Manuel. *Muzica escolhida da Viola de Lereno (1799)*. Estudo introdutório e revisão de Manuel Morais. Lisboa: Centro de História da Arte/Estar, s/d [2003].

Moura, Pe. Laércio Dias de. *A educação católica no Brasil*. São Paulo: Edições Loyola, 2ª ed., 2000.

Nery, Rui Vieira. "Música de salão do tempo de D. Maria I", *in* folheto que acompanha o CD "Modinhas, Cançonetas Instrumentais", gravado pelo conjunto *Segréis* no selo Movie Play, dezembro de 1993.

Neto, J. J. Gomes de S. *As Maravilhas da Penha ou Lendas e História da Santa e do virtuoso Frei Pedro Palacios*. Rio de Janeiro: Imprensa Nacional, 1888.

Neves, José Maria. "Modinhas do Brazil", texto de encarte do LP *Modinhas do Brazil*. Rio de Janeiro: UNI-Rio, 1984.

Noronha, Eduardo de. *Pina Manique: o Intendente do Antes Quebrar...* Porto: Livraria Civilização-Editor, 2ª ed., s/d.

Olavo, Carlos. *A vida turbulenta do Padre José Agostinho de Macedo*. Lisboa: Livraria Editora & Cia., s/d [1938].

Oliveira, Anelito. "Caldas Barbosa: a mancha da voz", *in Suplemento do Diário Oficial de Minas Gerais*, novembro de 1997.

Oliveira, Texeira de. *Vida maravilhosa e burlesca do café*. Rio de Janeiro: Pongetti Editores, 1942.

Perié, Eduardo. *A literatura brasileira nos tempos coloniais: do século XVI ao começo do XIX*. Buenos Aires: Eduardo Perié, editor, 1885.

Pinheiro, Joaquim Caetano Fernandes. *Curso elementar de literatura nacional*. Rio de Janeiro: Livraria B. L. Garnier, 1862.

Portugal, José Blanc de. "A vida musical lisboeta no século XVIII", *in Colóquio*, Revista de Artes e Letras, nº 55, Lisboa, outubro de 1969.

Prado, J. F. de Almeida. *História da formação da sociedade brasileira: D. João VI e o início da classe dirigente do Brasil (Depoimento de um pintor austríaco no Rio de Janeiro)*. São Paulo: Companhia Editora Nacional, s/d.

Quatro séculos de cultura: o Rio de Janeiro. Estudos por 23 professores. Rio de Janeiro: Universidade do Brasil, 1966.

Rangel, Alberto. *Quando o Brasil amanhecia (fantasia e passado)*. Lisboa: Livraria Clássica Editora, 1919.

RENNÓ, Adriana de Campos. *Violando as regras: uma (re)leitura de Domingos Caldas Barbosa*. São Paulo: Editora Arte e Ciência, 1999.

RENNÓ, Adriana de Campos. *A musa encomendada: Caldas Barbosa e a poética neoclássica*. Tese de doutorado de pós-graduação em Letras. Universidade Estadual Paulista, Assis, São Paulo, vol. I, 2001.

RENNÓ, Adriana de Campos. *Domingos Caldas Barbosa: textos recolhidos*. Tese de doutorado de pós-graduação em Letras. Universidade Estadual Paulista, Assis, São Paulo, vol. II, 2001.

RENNÓ, Adriana de Campos. "Visão carnavalizada: a *Viola de Lereno*, de Domingos Caldas Barbosa". Texto para divulgação pela internet, 2002.

RESENDE, Marquês de. *Pintura de um outeiro nocturno e um sarau musical às portas de Lisboa no fim do século passado*. Lisboa: Tipografia da Academia Real das Ciências, 1868.

RIBEIRO, Mário Sampaio. *As "guitarras de Alcacer" e a guitarra portuguesa*. Lisboa: 1936.

RODRIGUES, Graça Almeida. *Literatura e sociedade na obra de Frei Lucas da Santa Catarina (1660-1740)*. Lisboa: Imprensa Nacional — Casa da Moeda, 1983.

ROMANELLI, Otaiza de Oliveira. *História da educação no Brasil*. Petrópolis: Editora Vozes, 1986.

ROMERO, Sílvio. *Cantos populares do Brasil*. Coligidos pelo dr. Sílvio Romero, professor do Colégio Pedro II. Acompanhados de Introdução e Notas Comparativas por Teófilo Braga. vol. I. Lisboa: Nova Livraria-Internacional-Editora, 1883 (encadernado com o 2º vol. de 237 pp.).

ROMERO, Sílvio. *História da literatura brasileira*. Rio de Janeiro: Garnier, 1888; 2ª ed. ibid. 1902; 3ª ed. Rio de Janeiro, José Olympio, 1943.

ROMERO, Sílvio, e RIBEIRO, João. *Compêndio de história da literatura brasileira*. 2ª ed. refundida. Rio de Janeiro: Livraria Francisco Alves, 1909.

SANTOS, Lery. "Domingos Caldas Barbosa". Série Esboços Biográficos na revista *Pantheon Fluminense*. Rio de Janeiro: Typ. G. Leuzinger, 1880.

SARAIVA, Antonio José, e LOPES, Óscar. *História da literatura portuguesa*. Porto: Porto Editora, 8ª ed., 1975.

SARAIVA, José Hermano. *História concisa de Portugal*. Lisboa: Publicações Europa-América, s/d [7ª ed., 1981].

SEQUEIRA, G. de Matos. *Depois do terramoto: subsídios para a história dos bairros ocidentais de Lisboa*. Lisboa: Academia das Ciências de Lisboa, 2 vols., 1967.

SILVA, Joaquim Norberto de Sousa e. *A cantora brasileira.* 1º tomo — *Nova Collecção de Modinhas Brasileiras Tanto Amorosas como Sentimentais precedidas de Algumas reflexões sobre a Musica no Brasil.* Rio de Janeiro: vende-se na livraria de B. L. Garnier, 65 — Rua do Ouvidor, 1878. 2º tomo — *Nova Colleção de Hymnos, Canções e Lundus Tanto Amorosos como sentimentais.* Rio de Janeiro: Vende-se na livraria de B. L. Garnier, 65 — Rua do Ouvidor, 65, 1878.

SILVA, Joaquim Norberto de Sousa e. "Poetas repentistas", capítulo da nunca editada *História da literatura brasileira, in Revista Popular,* Rio de Janeiro, B. L. Garnier, vol. 14, abril-junho de 1862.

SILVA, L. A. Rebello da. "Memória biográfica e literária acerca de Manuel Barbosa du Bocage — Estudos — Críticos — IV", *in Obras completas de Luiz Augusto Rebello da Silva.* Lisboa: Empresa da História Portuguesa-Livraria Moderna-Tipografia, 1909.

SILVIO, Julio. *Fundamentos da poesia brasileira.* Rio de Janeiro: A. Coelho Branco Fo. Editor, 1930. Nota: as considerações sobre Caldas Barbosa seriam repetidas, sem modificação, em *Conexões folclóricas e literárias na poesia do Brasil,* do mesmo autor, Rio de Janeiro: A. Coelho Branco Fo. (editor), 1965.

TATI, Miécio. "A era de Bobadela", *in* Suplemento *400 Anos Memoráveis,* encartado na edição do *Jornal do Brasil,* Rio de Janeiro, de 17 de fevereiro de 1965.

TAUNAY, Afonso. *Assuntos de três séculos coloniais (1590-1790).* São Paulo: Imprensa Oficial, 1944.

TAUNAY, Afonso. *Visitantes do Brasil colonial (séculos XVI-XVIII).* São Paulo: Editora Nacional, 2ª ed., 1938.

VARNHAGEN, F. A. de. "Domingos Caldas Barbosa". Série "Biografias de brasileiros distintos ou de indivíduos ilustres que bem serviram o Brasil, etc." *in Revista do Instituto Histórico e Geográfico Brasileiro,* tomo 14, 1851.

VARNHAGEN, F. A. de. *Florilégio da poesia brasileira,* tomo II. Lisboa: Imprensa Nacional, 1850.

VERÍSSIMO, José. *História da literatura brasileira: de Bento Teixeira (1601) a Machado de Assis (1908).* Rio de Janeiro: Livraria Francisco Alves, 1916.

WOLF, Ferdinand. *O Brasil literário (história da literatura brasileira).* São Paulo: Companhia Editora Nacional, 1955.

SOBRE O AUTOR

José Ramos Tinhorão nasceu em 1928 em Santos, São Paulo, mas criou-se no bairro de Botafogo, no Rio de Janeiro, onde teve suas primeiras impressões de coisas populares assistindo a rodas de pernada e sambas de improviso, na esquina da Rua São Clemente com Praia de Botafogo, em frente ao Bar Sport Carioca.

Da primeira turma de Jornalismo do país, já colaborava no primeiro ano com a *Revista da Semana*, *Revista Guaíra*, do Paraná, entre outros veículos, até ingressar no *Diário Carioca* em 1953, ano de sua formatura, onde permanece até 1958. De 1958 a 1963, escreve para o *Jornal do Brasil*, começando em 61 as famosas "Primeiras Lições de Samba". Na década de 1960, Tinhorão passa pela TV — Excelsior (despedido em 1º de abril de 1964...), TV Rio e Globo (quando a programação era local) — e pela Rádio Nacional, antes de mudar-se em maio de 1968 para a cidade de São Paulo. Em 1966, estréia em livro com duas obras: *Música popular: um tema em debate* e *A província e o naturalismo*.

Morando em São Paulo, Tinhorão escreve para a revista *Veja* até 1973, passando então para a revista *Nova*, e em 1975, já como autônomo, envia da sucursal paulista suas duas colunas semanais para o *Jornal do Brasil*. Tais colunas, que durarão até 1981, granjearam ao pesquisador a pecha de "temido crítico musical".

Em 1980, Tinhorão vai a Portugal investigar a presença dos negros na metrópole. Desde então, seus livros passam a ser publicados também nesse país. Em 1999, prosseguindo em sua pesquisa de jornais carnavalescos no Brasil, solicita pela primeira vez em sua carreira uma bolsa: para o mestrado em História Social na Universidade de São Paulo. A tese dá origem ao livro *Imprensa carnavalesca no Brasil: um panorama da linguagem cômica*.

Grande pesquisador de sebos no Brasil, Lisboa, Porto e Braga, o autor reuniu importante coleção de discos, partituras, periódicos, livros e imagens sobre a cultura brasileira, cujo acervo foi adquirido em 2000 pelo Instituto Moreira Salles, de São Paulo. Criado em 2001, o Acervo Tinhorão se encontra atualmente disponível a pesquisadores e interessados.

OBRAS DO AUTOR

A província e o naturalismo. Rio de Janeiro: Civilização Brasileira, 1966 (esgotado).

Música popular: um tema em debate. Rio de Janeiro: Saga, 1ª ed., 1966; Rio de Janeiro: JCM, 2ª ed., 1969; São Paulo: Editora 34, 3ª ed., 1997; 1ª reimpressão, 1998; 2ª reimpr., 1999; 3ª reimpr., 2002; 4ª reimpr., 2003.

O samba agora vai... A farsa da música no exterior. Rio de Janeiro: JCM, 1969 (esgotado).

Música popular: de índios, negros e mestiços. Petrópolis: Vozes, 1972; 2ª ed., 1975 (esgotado).

Música popular: teatro & cinema. Petrópolis: Vozes, 1972 (esgotado).

Pequena história da música popular brasileira: da modinha à canção de protesto. Petrópolis: Vozes, 1974; 2ª ed., 1975; 3ª ed., 1978; edição Círculo do Livro, São Paulo, Abril, 1978, equivalendo à 4ª ed.; 5ª ed., revista e aumentada, com o novo título de *Pequena história da música popular: da modinha ao tropicalismo*, São Paulo, Art Editora, 1986; 6ª ed., revista e aumentada, com novo título de *Pequena história da música popular: da modinha à lambada*, 1991.

Música popular: os sons que vêm da rua. São Paulo: Tinhorão, 1976 (esgotado).

Música popular: do gramofone ao rádio e TV. São Paulo: Ática, 1981 (esgotado).

Música popular: mulher & trabalho (plaqueta). São Paulo: Senac, 1982 (esgotado).

Vida, tempo e obra de Manuel de Oliveira Paiva (uma contribuição). Fortaleza: Secretaria de Cultura e Desporto, 1986.

Os negros em Portugal: uma presença silenciosa. Lisboa: Editorial Caminho, 1988; 2ª ed., 1997.

Os sons dos negros no Brasil. Cantos, danças, folguedos: origens. São Paulo: Art Editora, 1988.

História social da música popular brasileira. Lisboa: Editorial Caminho, 1990. São Paulo: Editora 34, 1998; 1ª reimpr., 1999; 2ª reimpr., 2002.

Os sons do Brasil: trajetória da música instrumental (plaqueta). São Paulo: SESC, 1991.

A música popular no romance brasileiro: vol. I, séculos XVIII e XIX. Belo Horizonte: Oficina de Livros, 1992. São Paulo: Editora 34, 2ª ed., 2000.

Fado: dança do Brasil, cantar de Lisboa. O fim de um mito. Lisboa: Editorial Caminho, 1994.

Os romances em folhetins no Brasil (de 1830 à atualidade). São Paulo: Duas Cidades, 1994.

As origens da canção urbana. Lisboa: Editorial Caminho, 1997.

A imprensa carnavalesca no Brasil: um panorama da linguagem cômica. São Paulo: Hedra, 2000 (originalmente Dissertação de Mestrado em História Social apresentada ao Curso de Pós-Graduação da Universidade de São Paulo em 1999).

As festas no Brasil colonial. São Paulo: Editora 34, 2000; 1ª reimpr., 2000.

A música popular no romance brasileiro: vol. II, século XX (1ª parte). São Paulo: Editora 34, 2000.

Cultura popular: temas e questões. São Paulo: Editora 34, 2001.

Música popular: o ensaio é no jornal. Rio de Janeiro: MIS Editorial, 2001.

A música popular no romance brasileiro: vol. III, século XX (2ª parte). São Paulo: Editora 34, 2002.

Domingos Caldas Barbosa: o poeta da viola, da modinha e do lundu (1740-1800). São Paulo: Editora 34, 2004. Lisboa: Editorial Caminho, 2004.

A sair:

O rasga: uma dança negro-portuguesa. São Paulo: Editora 34, 2005. Lisboa: Editorial Caminho, 2005.

ESTE LIVRO FOI COMPOSTO EM SABON PELA
BRACHER & MALTA, COM FOTOLITOS DO
BUREAU 34 E IMPRESSO PELA PROL EDITORA
GRÁFICA EM PAPEL ALTA ALVURA 75 G/M^2
DA CIA. SUZANO DE PAPEL E CELULOSE PARA
A EDITORA 34, EM MAIO DE 2004.